Job?

나는 신재생에너지 전문가가 될 거야!

Job?

나는 신재생에너지 전문가가 될 거야!

신승희 글 | 애니쌜툰 그림 | 조성용 감수

Special
13

국일아이

차례

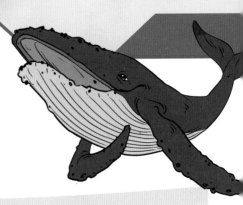

직업 탐험 워크북 나는 **신재생에너지** 전문가가 될 거야!

등장인물

이봄

초등학교 4학년인 왈가닥 소녀로 모든 것에 호기심과 궁금증이 많다. 쌍둥이 동생인 가을이보다 1분 빨리 태어난 누나다. 신재생 에너지 연구소장인 아버지를 따라 제주도에 내려와 지낸다. 바다에서 스노클링을 하던 중 큰 파도에 휩쓸려 물에 빠진 것을 초롱이가 구해준다.

이가을

이봄의 쌍둥이 남동생이다. 아빠처럼 신재생에너지를 연구하고 싶은, 장래희망이 신재생에너지 연구원인 아이로 신재생에너지에 대해 많은 것을 알고 있다. 봄이, 초롱이와 함께 아빠의 연구소에 방문하여 신재생에너지에 대해 배우고 큰 꿈을 키우게 된다.

박초롱

해녀인 할머니, 엄마와 함께 3대가 함께 사는 초등학교 4학년 여학생이다. 봄, 가을이와 함께 할머니와 엄마를 구해준 혹등고래를 보호하는 삼총사를 결성한다. 바다의 구조대 혹등고래가 멸종위기에 처한 것이 지구온난화 때문이라는 것을 알고 지구온난화를 위해 어떤 일을 해야 할지 고민한다.

김수한무

바다 속 용왕의 제1비서관이자 지구온난화대책위원으로 바다에
서는 거북이지만 지상에서는 사람으로 변신한다. 깨끗한 바다를
지키고 보호하기 위해 대한민국 환경을 감시하러 왔다. 환경 보
호가 평점 기준에 미치지 못하면 거대한 태풍을 보내 나쁜 환경
들을 쓸어버릴 계획으로 제주도에 찾아왔다.

이태양 (봄, 가을이 아빠)

태양열에너지를 비롯해 해양에너지, 풍력에너지, 지열에
너지, 수소에너지, 바이오에너지 등의 신재생에너지 연구
원들과 함께 에너지를 연구하고 설계하는 신재생에너지
연구소장이다. 연구소 견학을 온 쌍둥이와 초롱이에게
왜 신재생에너지가 필요한지, 신재생에너지와 관련된 직
업은 어떤 것들이 있는지 등을 알려준다.

꿈을 찾아가는
꿈나무를 위한 길잡이

허영만 화백이 그린 만화 《식객》이 한국 음식 문화의 품격과 철학의 깊이를 더한 '음식 문화서'라고 한다면, 《job?》 시리즈는 '바라고 꿈꾸는 것을 이루기 위해 줄기차게 노력하면 반드시 꿈은 이루어진다'는 교육 철학을 담은 직업 관련 학습 만화입니다. 어린이와 청소년들이 만화를 통해 각 분야의 직업을 이해하고, 스스로 장래 희망을 설정하는 데 도움을 주는 진로 교육서이기도 합니다.

꿈과 희망은 사람을 움직이는 가장 강력한 에너지입니다. 꿈과 희망이 있는 사람은 밝고 활기찹니다. 그리고 호기심과 열정이 가득해서 지루할 틈이 없이 부지런합니다. 특히 어린이와 청소년들에게 꿈과 희망은 삶을 긍정적으로 바라보게 하는 가장 강력한 버팀목 역할을 합니다.

어른이 되어 이루는 성공과 성취는 어린 시절부터 바랐던 꿈과 희망이 이뤄 낸 결과입니다. 링컨과 케네디, 빌 게이츠와 오바마, 이들은 어린 시절에 꾸었던 꿈과 희망을 실현하기 위해 노력한 사람들입니다. 삼성을 일류 기업으로 이끈 고(故) 이병철 회장이나 우리나라 경제 발전에 초석을 다진 현대그룹의 고(故) 정주영 회장도 어린 시절의 꿈을 실현한 대표적인 사람입니다. 꿈과 희망 안에는 미래를 변하게 하는 놀라운 능력이 숨어 있습니다. 꿈과 희망을 품고 노력하면 바라던 것이 이루어집니다.

어린이와 청소년들이 스스로 미래를 준비할 수 있도록 도움을 주고자 기획한 《job?》 시리즈는 우리 사회 각 분야의 직업을 다루고 있습니다. 어떤 분야의 직업을 갖고 사는 것이 좋으며 가치 있을지를 만화 형식을 빌려서 설명하여 이해뿐 아니라 재미까지 더하였습니다.

그동안 직업을 소개하는 책은 많았지만, 어린이 눈높이에 맞춘 직업 관련 안내서는 드물었습니다. 이 책의 차별성은 바로 여기에 있습니다. 단순히 각각의 직업이 무슨 일을 하는지를 소개하는 데 그치지 않고 사회적 측면에서 바라본 직업의 존재 이유와 작용 원리를 적절한 용어를 사용하여 어린 독자들의 이해를 돕습니다. 자칫 딱딱할 수 있는 직업 이야기를 맛깔스러운 대화와 재미있는 전개로 설명하여 효과적인 진로 안내서 역할도 합니다.

이 책이 어린이와 청소년들에게 세상의 여러 직업을 깊이 이해하고 자신의 미래를 여는 데 도움을 줄 것이라 기대합니다. 아울러 장차 세계를 이끌 주인공이 될 어린이와 청소년들이 직업과 관련해서 멋진 꿈과 희망을 얻길 바랍니다.

문용린(서울대학교 교육학과 명예교수)

푸른 별 지구를 지키는
지킴이가 되어 볼까요?

현재, 전 세계적으로 석유에 대한 의존도가 지나치게 높아요. 석유가 전 세계에 차지하는 에너지원 비중이 높은 만큼 산유국은 절대적인 권력을 갖지요. 산유국은 석유의 생산량이나 가격 등을 조정하여 정치적으로 이용하고 외교적 우위를 누리기도 해요. 이런 상황과 환경오염 문제를 타개하기 위해 많은 나라에서는 대체에너지 개발에 힘쓰고 있어요.

우리나라에서도 이런 문제를 극복하기 위해 신재생에너지 개발 및 인프라 확충에 힘쓰고 있어요. 현재는 태양광에 대한 투자를 가장 많이 하고 있지만 다른 에너지 개발에도 힘쓰고 있는 만큼 앞으로는 다양한 신재생에너지를 개발하게 될 것이라 기대하고 있어요.

신재생에너지는 화석에너지의 고갈 및 환경문제에 대한 유일한 해결방안이며, 신재생에너지의 경쟁력은 우리 에너지의 미래라고 할 수 있어요. 그렇다면 신재생에너지가 무엇이며, 신재생에너지 전문가는 어떤 일을 할까요?

《job? 나는 신재생에너지 전문가가 될 거야!》는 그 모든 것을 재미있는 이야기와 함께 풀었어요. 이 책은 스스로의 미래와 지구의 미래에 대해 좀더 깊이 그리고 폭넓게 생각하는 기회가 될 거예요. 그리고 이 책을 재미있게 읽다보면 신재생에너지를 연구하고 싶다는 꿈을 키울 수 있을 거예요.

봄과 가을이, 초롱이와 함께 신재생에너지에 대해 배우고, 세 친구가 김수한무로부터 어떻게 제주도를 지키는지 알아보러 함께 여행을 떠나볼까요?

글쓴이 **신승희**

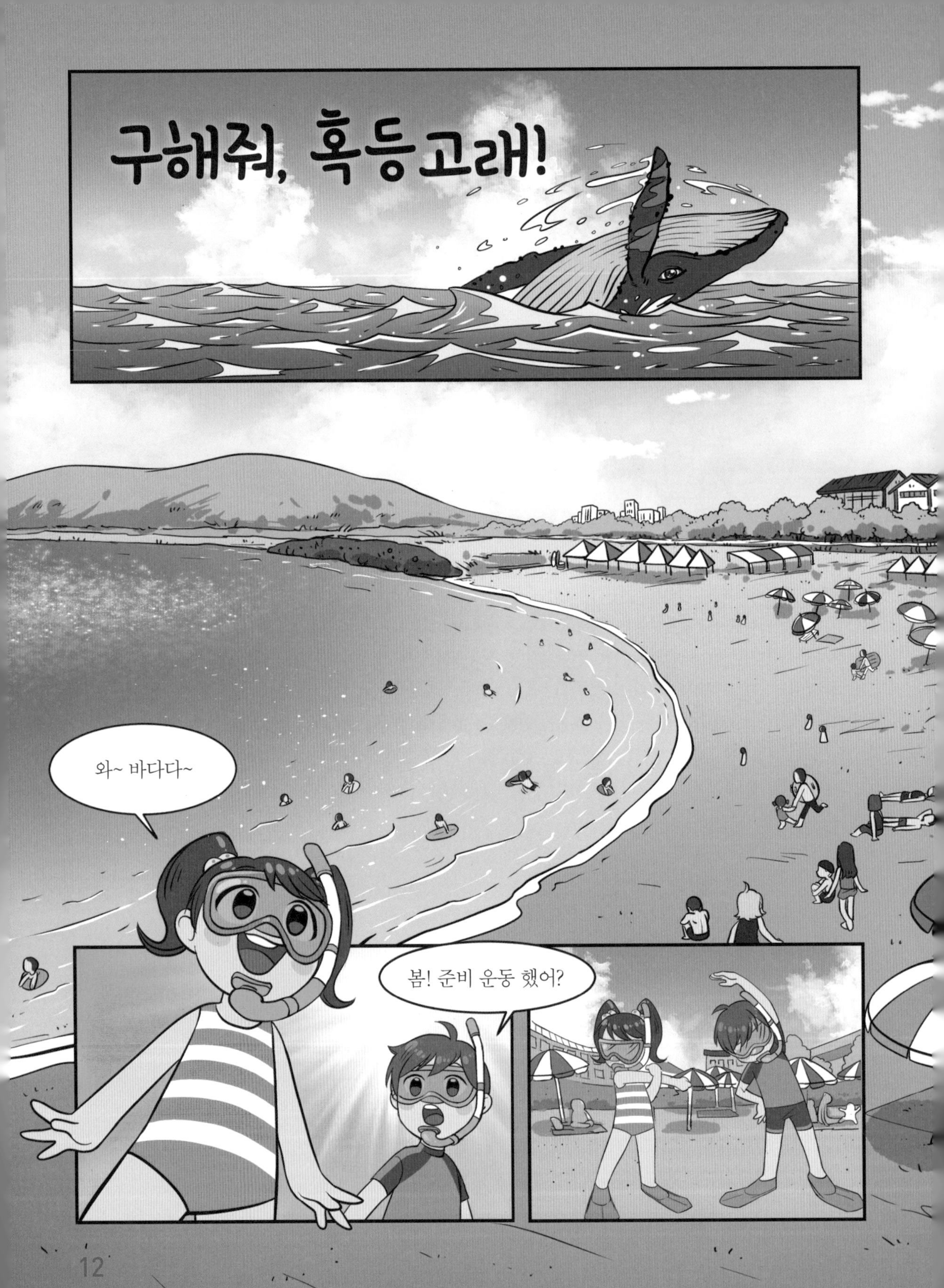
구해줘, 혹등고래!
와~ 바다다~
봄! 준비 운동 했어?

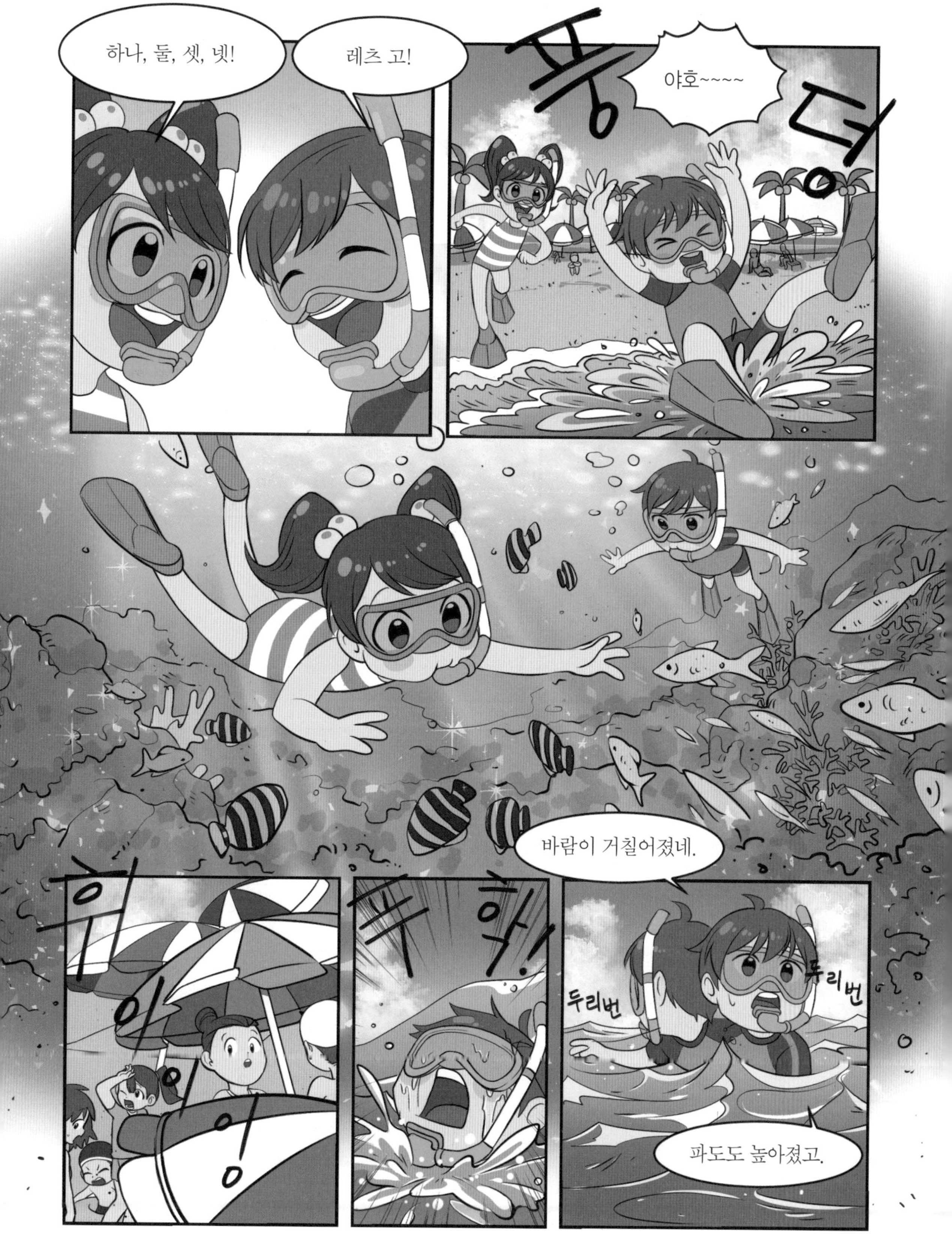
하나, 둘, 셋, 넷!
레츠 고!
풍덩
야호~~~~
바람이 거칠어졌네.
휘이이잉
푸학!
두리번
두리번
파도도 높아졌고.

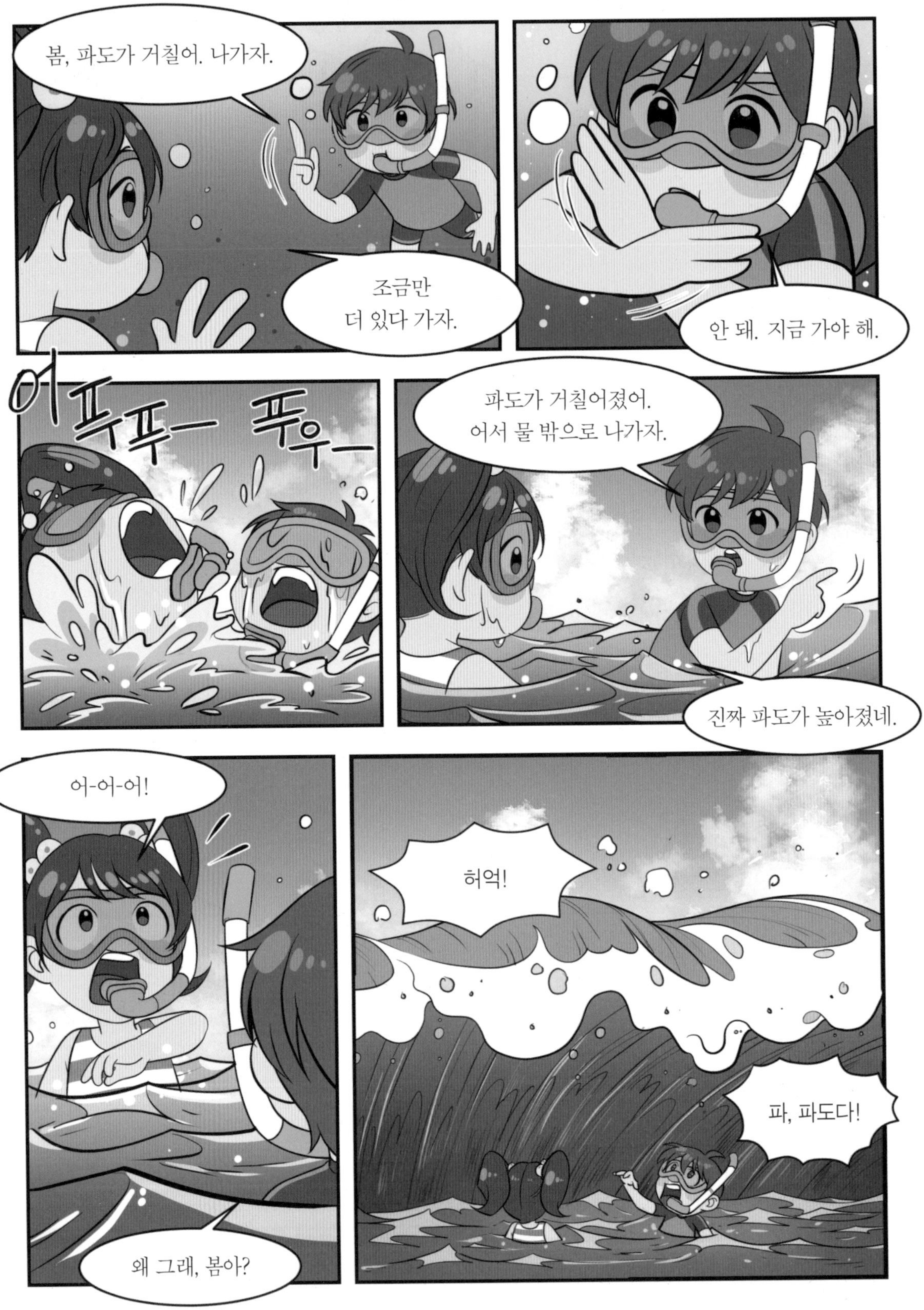

봄, 파도가 거칠어. 나가자.
조금만
더 있다 가자.
안 돼. 지금 가야 해.
어푸푸— 푸우—
파도가 거칠어졌어.
어서 물 밖으로 나가자.
진짜 파도가 높아졌네.
어-어-어!
왜 그래, 봄아?
허억!
파, 파도다!

태양빛 많이 받아서 전기 많이 만들어주라~

야! 어디다 똥을 싸는 거야! 이 똥싸개 갈매기야!!

가만, 저게 뭐지…?

까아악-- 엄마, 아빠!

사람 살려! 살려주세요!

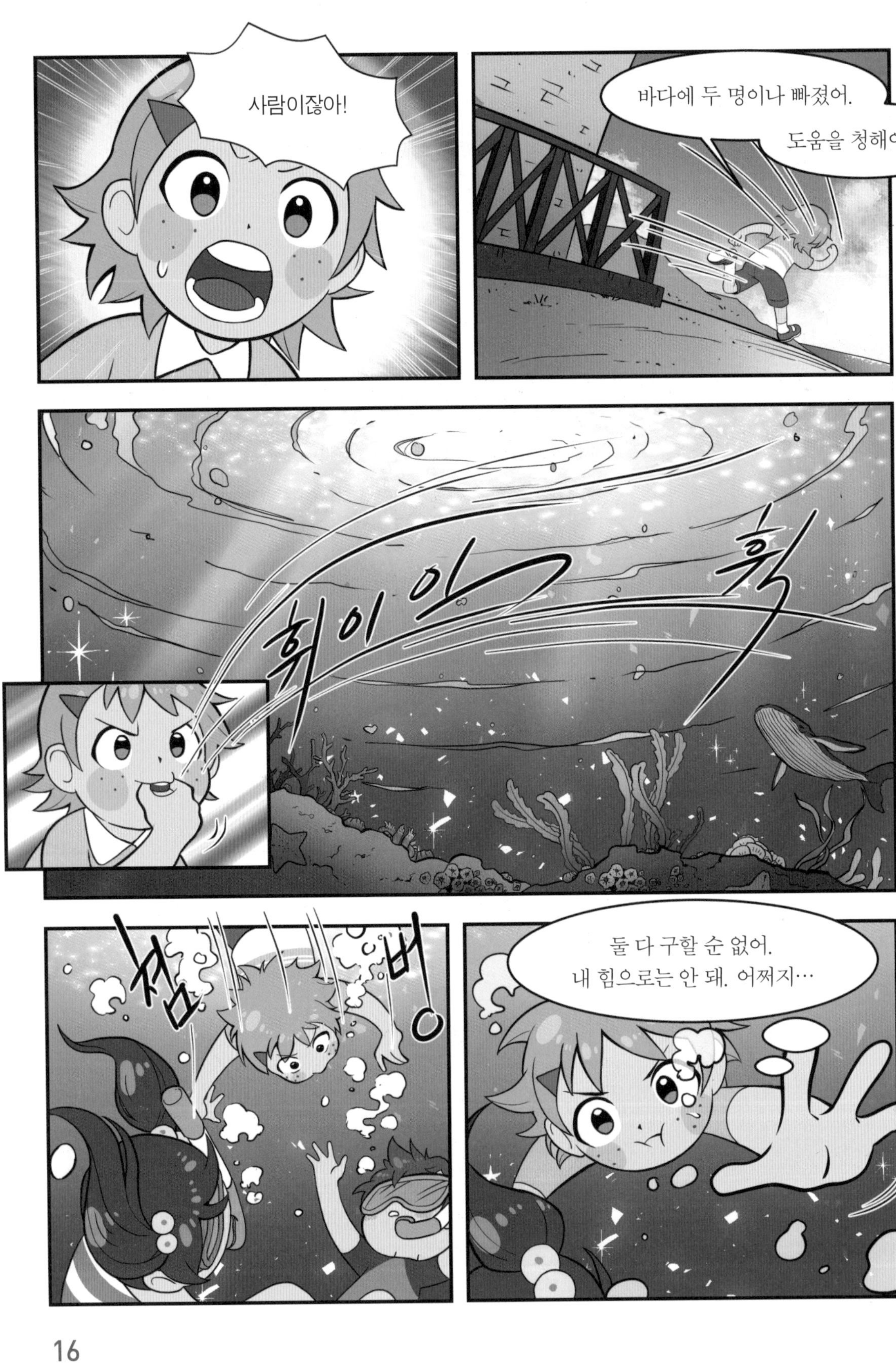
사람이잖아!
바다에 두 명이나 빠졌어.
도움을 청해야 해!
휘이익
휙
첨벙!
둘 다 구할 순 없어.
내 힘으로는 안 돼. 어쩌지…

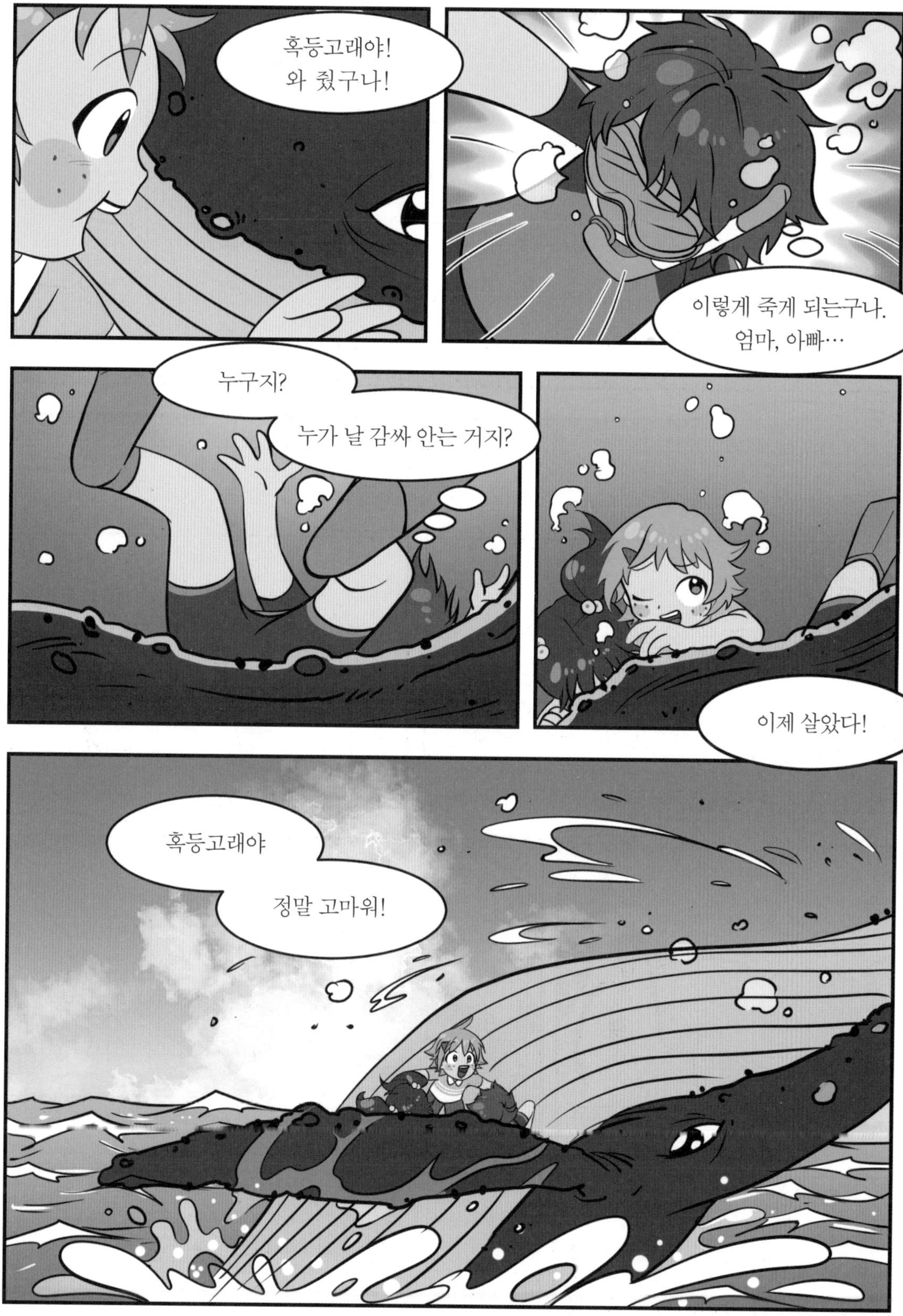
혹등고래야!
와 줬구나!
이렇게 죽게 되는구나.
엄마, 아빠…
누구지?
누가 날 감싸 안는 거지?
이제 살았다!
혹등고래야
정말 고마워!

살았다.

애들아, 정신 좀 차려봐.

눈 좀 떠봐.

네가 우릴 구해준 거니?

어질

아우, 머리야.

정신이 드니? 괜찮아?
어디 아픈 덴 없니?

여긴 어디야?

저, 저건!!!
고… 고래다!

고마워! 혹등고래!

혹등고래?!

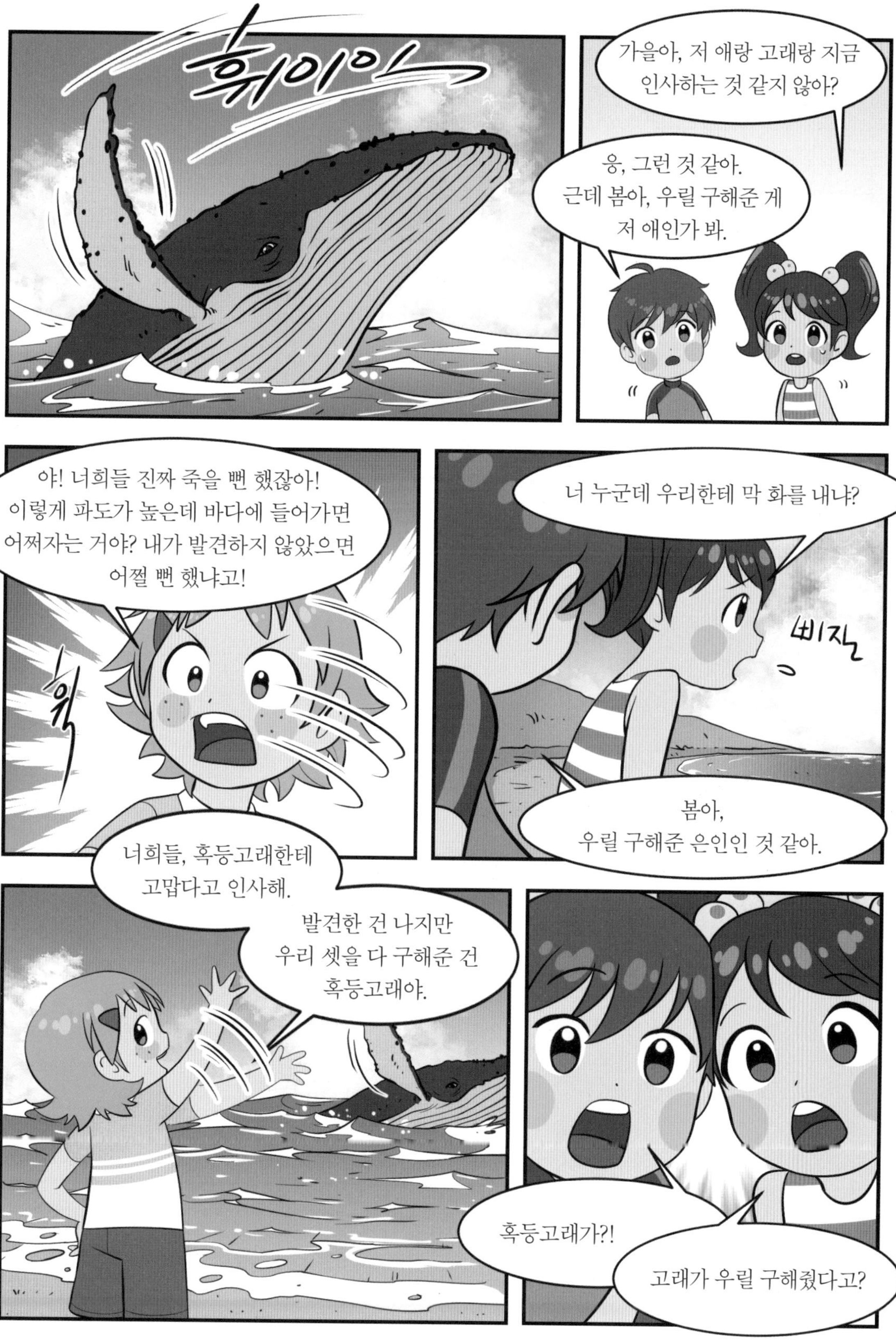
휘이익
가을아, 저 애랑 고래랑 지금 인사하는 것 같지 않아?
응, 그런 것 같아. 근데 봄아, 우릴 구해준 게 저 애인가 봐.
야! 너희들 진짜 죽을 뻔 했잖아! 이렇게 파도가 높은데 바다에 들어가면 어쩌자는 거야? 내가 발견하지 않았으면 어쩔 뻔 했냐고!
홱
너 누군데 우리한테 막 화를 내냐?
삐질
봄아, 우릴 구해준 은인인 것 같아.
너희들, 혹등고래한테 고맙다고 인사해.
발견한 건 나지만 우리 셋을 다 구해준 건 혹등고래야.
혹등고래가?!
고래가 우릴 구해줬다고?

이거 꿈 아니지?
믿을 수가 없어.

가을아, 고래가 인사를 해!

바다의 수호천사 혹등고래

혹등고래는 몸길이가 12~16m이고 무게는 30톤 정도 나갑니다.
물 밖으로 솟구치는 고래 뛰기로 유명하기도 한데요. 가슴의 길쭉한 지느러미발과 등에 난 혹 때문에
다른 고래들과 확연히 구분됩니다. 보통 혼자 또는 두세 마리가 몰려다니는데요. 먹이를 구하거나 번
식을 하는 해역에서는 무리지어 다니기도 합니다.

안녕, 난 혹등고래야. 사람들은
나를 바다의 수호천사라고 불러.

혹등고래는
멸종위기종에서는 제외됐지만
개체수가 회복되지 않은
무리가 있어 지속적인
보호가 필요해.

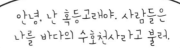

집채 만한 몸집으로 바다 생물을 위협할 것 같지만 사실 혹등고래는 바다의 수호천사로 불릴 만큼 착
합니다. 실제로 인간뿐만 아니라 위험에 빠진 다른 고래 종이나 바다표범을 지켜주기도 합니다.

그런데 너희들, 어디서 왔어?

여기 애들은 아닌 것 같은데?

혹등고래야, 살려줘서 정말 고마워.

이 은혜는 절대 안 잊을게~

안녕, 나는 이봄이야. 아빠 따라서 서울에서 왔어.

이가을이라고 해. 봄이랑은 쌍둥이야. 당분간 제주에서 살 거야.

난 박초롱이라고 해. 초등학교 4학년이야.

근데 너희들 파도가 높은데 무서운 줄도 모르고 그렇게 바다에 들어가면 큰일 나!

21

너희들 제주에서 유명한 세 가지가 뭔지 아니?

유명한 세 가지?

나 알아. 바람, 돌, 여자.

올~ 좀 아는데?

그런 건 기본이지~

보다시피 제주는 섬이라서 바람도 많고

화산섬이라 돌도 아주 많아.

그리고 여자가 많아서 제주를 삼다도라고 해. 제주여자 중에는 물질을 하는 해녀가 많아.

우리 집은 할머니, 엄마 모두 해녀야. 물론 나도 좀더 크면 해녀가 될 거야.

산소통도 없이 잠수를 하는 그 해녀? 그래서 수영을 잘하는구나?

해녀

해녀는 바닷속에 산소 공급 장치 없이 들어가 해조류 등을 캐는 일을 합니다. 해녀는 국가무 형문화재이고, 제주해 녀문화는 유네스코 인 류무형문화유산에 올라 있습니다.

이상하다. 저 갈매기는 왜 아까부터 날갯짓만 하고 못 날아가지?

갈매기가? 어디어디?

갈매기 다리에 비닐이 감겼어. 사람들이 쓰레기를 아무 데나 버려서 그래.

비닐 때문에 날지 못하다니, 갈매기 불쌍해.

우리가 도와주자.

난 갈매기 무서운데…

사람이 함부로 버린 쓰레기 때문에 바다 생물들 목숨이 위험해.

내가 만약 저 갈매기라면
쓰레기 버린 사람한테 쫓아가서
부리로 콕콕 쪼아줬을 거야.

이 비닐 때문에 갈매기가
죽을 뻔 했어.

쓰레기를 처리하는 방법 중에 하나가
쓰레기를 태우는 건데, 쓰레기를 태울 때
이산화탄소가 발생되면서 지구온난화에도
영향을 미친다는 연구 결과가 있어.

안 돼!
절대 안 돼!

혹등고래를
위해서라도 더는
지구온난화가
진행되면 안 돼!

지구온난화하고 혹등고래하고
무슨 상관이야?

지구온난화로 바닷물 온도가 올라가면
장거리를 이동하는 혹등고래가 사라질 수도 있어.
기후변화가 오면 고래의 서식지뿐만 아니라 고래의
먹잇감이 되는 동물도 줄어들거든.

으아악!! 상어닷!

수온 21도를 좋아하는 식인상어

사람들이 가장 두려워하는 식인상어 백상아리는 21도 이상의 수온에서 서식합니다. 지구온난화로 수온이 상승해 서해, 남해, 동해까지 영향을 미쳐 어디서든 상어를 마주칠 위험이 잦아지고 있습니다. 수온이 증가하면 극지방의 빙하가 녹아 바닷물의 염도가 낮아지고 바다는 더 많은 이산화탄소를 대기로부터 흡수해 해수의 산성도가 증가하게 됩니다. 바다가 산성화되면 해양 생물들이 감소하고 상어는 먹이가 줄어드니 먹이를 찾아 사람들이 사는 해안 지역까지 오게 됩니다.

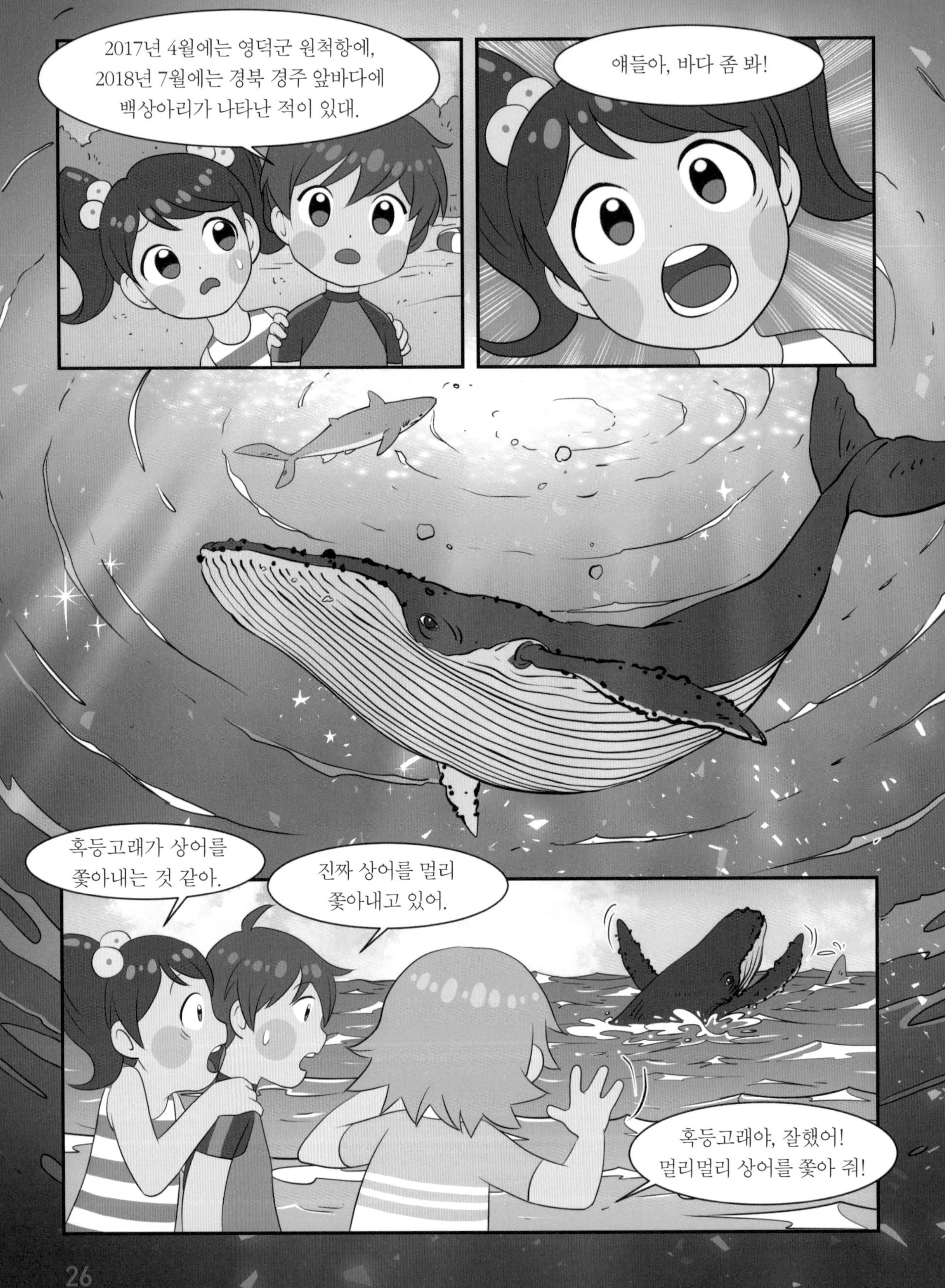
2017년 4월에는 영덕군 원척항에,
2018년 7월에는 경북 경주 앞바다에
백상아리가 나타난 적이 있대.
얘들아, 바다 좀 봐!
혹등고래가 상어를
쫓아내는 것 같아.
진짜 상어를 멀리
쫓아내고 있어.
혹등고래야, 잘했어!
멀리멀리 상어를 쫓아 줘!

혹등고래, 진짜 멋있다~ 나도 초롱이 너처럼 혹등고래하고 친구가 되고 싶어.

친구는 아무나 되는 줄 아니?

걱정이야. 바다 여기저기에서 상어가 나타난다니, 이젠 바다에도 마음대로 못 들어가겠네.

너무 걱정마. 초롱아. 우리 아빠가 열심히 연구하고 계시거든.

너희 아빠가 뭘 연구하시는데?

우리 아빠는 신재생에너지를 연구하셔!

제주에 내려온 것도 아빠가 신재생에너지 연구를 하기 위해서야.

그렇구나. 그런데 신재생에너지? 그게 뭐야?

신재생에너지는 신에너지와 재생에너지를 합친 단어야. 신에너지는 연료전지, 석탄 액화·가스화, 수소에너지 등이고,

재생에너지는 태양광, 태양열, 바이오매스, 풍력, 수력, 해양, 재생폐기물, 지열에너지 등이야.

이전에는 석유 같은 화석연료를 주로 사용했는데 환경을 심각하게 오염시켰거든.

신재생에너지는 환경친화적이면서, 화석에너지로 인한 환경오염을 해결할 수 있어.

27

태양에너지

태양에너지는 '태양광발전'과 '태양열발전'을 통해 이용할 수 있습니다. 태양광발전은 햇빛을 받아 전기를 발생시키는 태양전지를 이용해 전기에너지로 변환하는 것이고, 태양열발전은 태양열을 흡수, 저장, 열반환 등을 통해 건물의 냉난방이나 물을 덥히는 데 활용합니다. 태양광, 태양열 모두 태양에너지를 이용하기 때문에 지속가능한 친환경 에너지입니다.

태양광발전과 태양열발전의 차이점

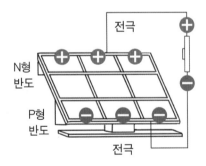

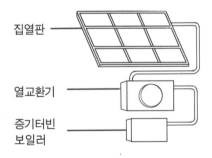

태양광발전은 광전효과, 즉 물질이 빛을 흡수하면 물질의 표면에서 전자가 생겨 전기가 발생하는 효과를 이용해 직접적으로 전기를 만듭니다.

태양열발전은 태양열로 물을 끓여 증기를 발생시키고 이를 이용해 터빈을 돌려 전기를 만듭니다.

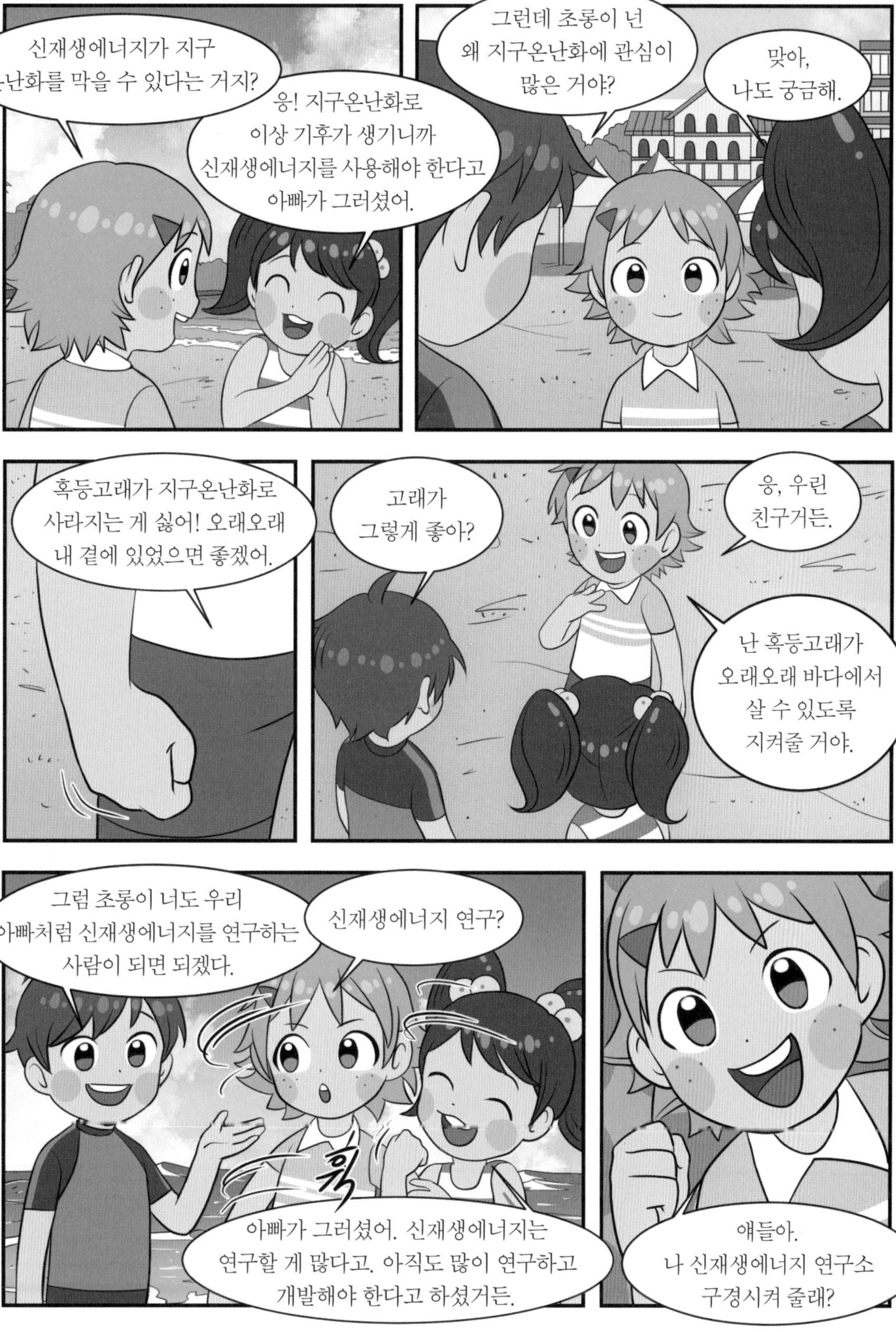

신재생에너지가 지구 온난화를 막을 수 있다는 거지?
응! 지구온난화로 이상 기후가 생기니까 신재생에너지를 사용해야 한다고 아빠가 그러셨어.
그런데 초롱이 넌 왜 지구온난화에 관심이 많은 거야?
맞아, 나도 궁금해.
혹등고래가 지구온난화로 사라지는 게 싫어! 오래오래 내 곁에 있었으면 좋겠어.
고래가 그렇게 좋아?
응, 우린 친구거든.
난 혹등고래가 오래오래 바다에서 살 수 있도록 지켜줄 거야.
그럼 초롱이 너도 우리 아빠처럼 신재생에너지를 연구하는 사람이 되면 되겠다.
신재생에너지 연구?
휙
아빠가 그러셨어. 신재생에너지는 연구할 게 많다고. 아직도 많이 연구하고 개발해야 한다고 하셨거든.
얘들아. 나 신재생에너지 연구소 구경시켜 줄래?

신재생에너지의 정의와 장단점

전 세계가 화석연료 대신 신재생에너지 개발에 힘쓰고 있어요. 우리나라 문재인 대통령은 노후된 석탄 발전소를 폐쇄하고 태양광발전과 풍력발전을 2025년까지 3배 이상 확대하며 전기차와 수소차 보급을 대폭 늘리겠다고 공언했어요. 이어 "화석연료 기반 전력체계를 장기적으로 재생에너지 기반으로 바꾸어 나갈 것"이라고 강조했어요. 신재생에너지는 무엇인지, 어떤 특징이 있는지 알아볼까요?

● 신재생에너지의 정의

신재생에너지는 신에너지와 재생에너지를 합친 단어로, 기존의 화석연료를 재활용하거나 재생 가능한 에너지를 변환시켜 이용하는 에너지를 뜻해요. 즉 석탄, 석유, 천연가스 등의 화석연료가 아닌 태양열, 바이오매스, 풍력, 해양에너지 등이 신재생에너지예요. 그뿐만 아니라 지열, 수소, 석탄에 의한 물질을 혼합한 유동성 연료도 의미해요.

신재생에너지는 인구수의 폭발적 증가와 산업의 급속한 발달로 화석연료에 대한 수요가 늘면서 자원 고갈과 석유 가격의 상승 등의 문제를 해결하기 위해 개발되기 시작했어요. 또 화석연료가 지구온난화를 일으킨다는 인식 때문에 세계 여러 국가에서 화석연료의 사용을 줄이는 운동이 일어나면서 신재생에너지가 더 주목받게 되었어요.

신재생에너지는 신에너지와 재생에너지로 분류되며 다양한 종류가 있어요.

신에너지	연료전지, 석탄 액화·가스화, 수소에너지
재생에너지	태양열, 태양광, 바이오, 풍력, 수력, 지열, 해양, 재생폐기물에너지

● 신재생에너지의 장점

① 신재생에너지는 재생이 가능하기 때문에 고갈되지 않고 무한하게 만들어낼 수 있어요.

② 화석연료와 달리 지구에 고르게 분포하기 때문에 공평하게 이용할 수 있어요. 오염물질과 이산화탄소 배출량이 화석연료보다 적어 친환경적이에요.

● 신재생에너지의 단점

① 사용할 때 바람이 덜 불거나, 날씨가 흐리면 에너지 생산량이 적어지는 등 자연 환경의 영향을 많이 받아요.

② 발전소를 건설할 때 초기 비용이 많이 들어요.

풍력에너지

태양열에너지

수력에너지

바이오에너지

해양에너지

수소에너지

신재생에너지 연구소에 가다!

이런 곳에 대형 선풍기가 있었네.

큭큭, 풍력발전기보고 선풍기래.

모르면 그럴 수도 있지. 선풍기하고 비슷하게 생겼잖아.

이상하다, 이렇게 큰 선풍긴데 왜 시원하지 않지?

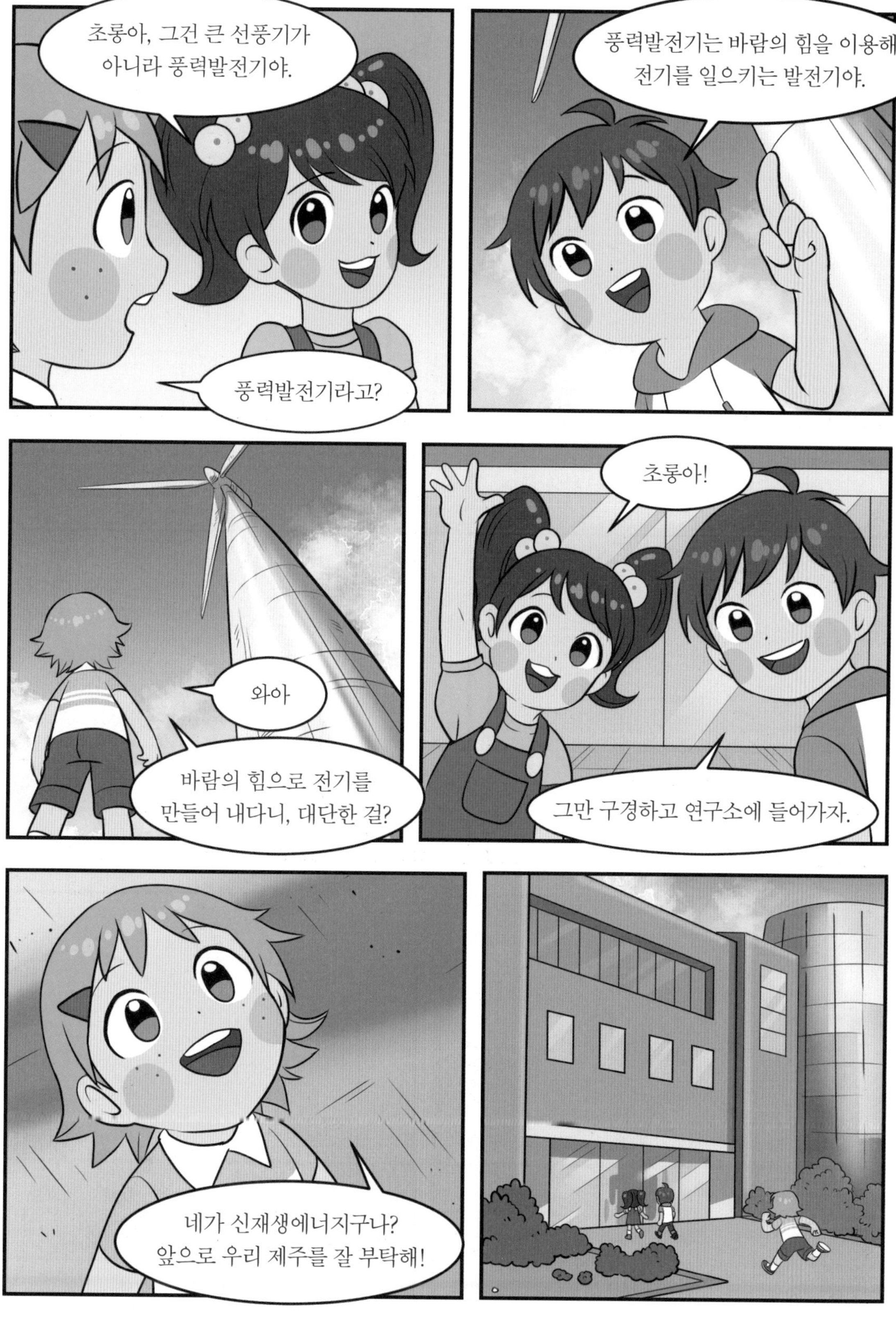
초롱아, 그건 큰 선풍기가 아니라 풍력발전기야.
풍력발전기라고?
풍력발전기는 바람의 힘을 이용해 전기를 일으키는 발전기야.
와아
바람의 힘으로 전기를 만들어 내다니, 대단한 걸?
초롱아!
그만 구경하고 연구소에 들어가자.
네가 신재생에너지구나? 앞으로 우리 제주를 잘 부탁해!

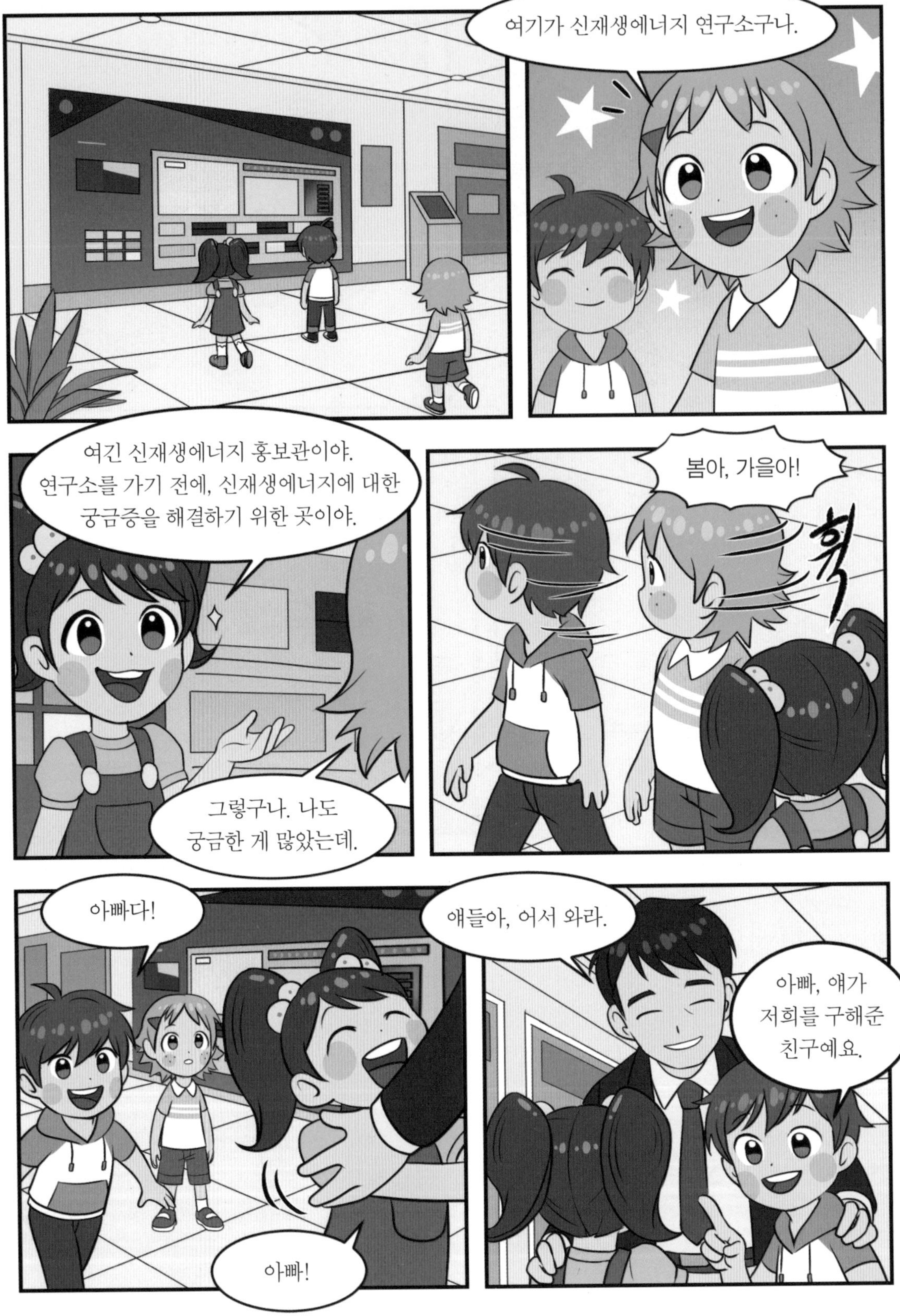
여기가 신재생에너지 연구소구나.
여긴 신재생에너지 홍보관이야.
연구소를 가기 전에, 신재생에너지에 대한
궁금증을 해결하기 위한 곳이야.
그렇구나. 나도
궁금한 게 많았는데.
봄아, 가을아!
휙
아빠다!
아빠!
얘들아, 어서 와라.
아빠, 얘가
저희를 구해준
친구예요.

안녕하세요! 박초롱입니다.

반갑다, 그리고 정말 고마워.
물에 빠진 사람을 보고 구하러 가기 쉽지 않은데
초롱이 덕분에 봄, 가을이가 살았어.

그런 상황이었다면 누구라도 저처럼
했을 거예요. 칭찬받으려고 한 게 아니라서
그렇게 말씀하시니까 쑥스러워요.

겸손하기까지 하구나. 하하하!

자, 초롱이에게 감사하는 마음으로
신재생에너지 연구소 소개해 줄게. 연구소에
왔으니까 다들 박사님이라고 부르기다!

네-!

네-!

초롱이는 뭐가 제일 궁금하니?

박사님은 무슨 일을 하세요?

나는 신재생에너지 중에서도
태양광에너지를 연구하고 있단다.

태양빛을 전기에너지로 변환시키는
발전방식을 연구하고 개발하지.

35

태양광발전시스템

태양광발전시스템은 태양빛을 직접 전기에너지로 변환하는 발전장치로서, 태양전지로 구성된 모듈과 축전지 및 전력변환장치로 구성되어 있습니다.
20년 이상 사용할 수 있으며, 자동화로 유지관리가 쉽습니다. 하지만 햇빛이 비치지 않는 날 밤에는 전기가 발생하지 않고 햇빛의 양에 따라 균일하지 않은 직류가 발생합니다.

태양전지 모듈 　　　 전력조절장치 　　　 전력변환장치

여기는 태양전지 모듈 연구원이셔.
강한나 씨, 여기 학생들이 궁금한 게 있다네요.

와아, 멋있는 언니다.

안녕, 애들아.
만나서 반가워.

연구원님!
모듈이 뭐예요?

편하게 언니라고 불러 줘.

혹시 너희들 돋보기를 이용해
태양빛을 모아서 종이를 태워본 적 있니?

있어요!

돋보기가 없었다면 태양빛으로 종이를 태울 수 없겠지? 돋보기가 중요한 역할을 하는 것처럼 태양광에서 가장 중요한 역할을 하는 것 중 하나가 모듈이야.

모듈은 태양광 발전의 기본단위인 셀을 여러 장 연결시켜서 알루미늄 틀 안에 판넬 형태로 만든 제품이란다.

태양광 모듈

태양광 모듈은 '단결정 모듈'과 '다결정 모듈'로 나누어집니다.
생산 방법과 셀 사이의 모양으로 구분할 수 있답니다.

단결정 셀

다결정 셀

단결정 패널

다결정 패널

그걸 연구하시는 거예요?

모듈 중에서도 태양전지 모듈을 연구하고 있단다.

태양에너지를 연구하는 사람이 또 있나요?

태양광 분야 신재생에너지 발전설비기사도 있어.

안녕, 얘들아. 나는 태양광뿐만 아니라 풍력, 수력, 연료전지의 신재생에너지 발전설비 시스템에 대한 지식을 가지고 신재생에너지 발전소나 건축물, 시설 등을 기획, 설계, 시공, 운영, 유지, 보수하는 일을 한단다.

신재생에너지 발전설비기사는 많은 일을 하는구나.

박사님, 풍력에너지도 얘기해 주세요!

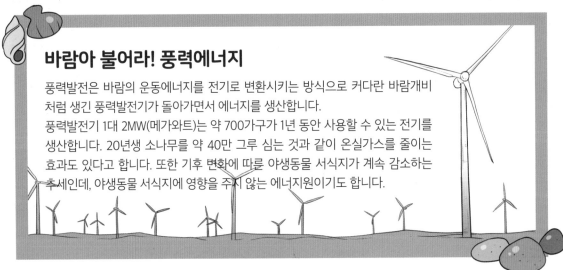

바람아 불어라! 풍력에너지

풍력발전은 바람의 운동에너지를 전기로 변환시키는 방식으로 커다란 바람개비처럼 생긴 풍력발전기가 돌아가면서 에너지를 생산합니다.
풍력발전기 1대 2MW(메가와트)는 약 700가구가 1년 동안 사용할 수 있는 전기를 생산합니다. 20년생 소나무를 약 40만 그루 심는 것과 같이 온실가스를 줄이는 효과도 있다고 합니다. 또한 기후 변화에 따라 야생동물 서식지가 계속 감소하는 추세인데, 야생동물 서식지에 영향을 주지 않는 에너지원이기도 합니다.

풍력이란 자연의 바람에너지를 이용해서 전기를 생산하는 발전방식이야.

그럼 풍력에너지를 연구하는 연구원도 있겠네요?

맞아. 풍력에너지 연구원도 있단다.

박사님, 블레이드 제어장치 설계도가 완성됐습니다.

자네, 마침 잘 왔네. 애들이 풍력에너지 직업에 대해서 궁금해하던 참이야.

애들아, 반갑다. 나는 풍력발전기의 블레이드를 설계, 개발하는 기술자야. 풍력에너지는 블레이드가 중요하거든.

가을아, 블레이드면… 팽이?

블레이드는 풍력발전기의 날개를 말하는 거야.

아, 그렇구나.

박사님, 또 어떤 직업이 있어요?

나는 풍력발전기 기계설계기술자야. 풍력 속에서도 높은 전기적 출력을 얻기 위해 날개를 가볍게 하거나 공기역학적 구조를 감안해서 회전날개를 설계하는 일을 해.

나는 풍력발전기 전기설계기술자야. 전기식 모터 드라이브로 블레이드 각도를 연속 제어해서 전력생산을 높이고 낮은 부하에서도 운전효율이 높은 영구자석형 동력발전기를 설계해.

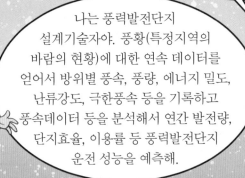

나는 풍력발전단지 설계기술자야. 풍황(특정지역의 바람의 현황)에 대한 연속 데이터를 얻어서 방위별 풍속, 풍량, 에너지 밀도, 난류강도, 극한풍속 등을 기록하고 풍속데이터 등을 분석해서 연간 발전량, 단지효율, 이용률 등 풍력발전단지 운전 성능을 예측해.

나는 풍력타워 설계기술자야. 풍력발전 입지의 지반조건, 접근성 등의 설치환경, 발전기의 제작사, 발전량, 중량 등을 조사, 분석해. 또 조립과 유지보수를 고려하여 풍력발전을 위한 윈드타워를 설계하고 도면을 작성하지.

나는 풍력타워 품질검사원이야. 풍력원격 감시 제어시스템을 설계하는 일을 해.

세상에, 전부 다 처음 듣는 직업들이야. 풍력에너지와 관련해서 정말 많은 직업이 있구나.

아빠, 저 사람들은 누구예요?

꼭 어벤져스 같아.

우리 연구소에서 풍력발전기 블레이드를 보수하는 기술자들이야.

박사님, 풍력발전단지 내 15기를 모두 손봐야 할 것 같습니다.

15기나 보수를 해야 하는군요?

원래 풍력발전기 날개가 자주 고장이 나나요?

풍력발전기 날개는 자주 고장이 난다.

발전기 날개 끝단의 평균 속도는 약 300km야. KTX와 맞먹는 엄청난 속도로 회전하기 때문에 비, 바람, 우박, 벌레 등 외부 이물질이 부딪히면 큰 충격을 받아서 날개 손상이 자주 발생해.

거대한 풍력발전기가 제 역할을 하기 위해서는 주기적인 보수 유지 작업이 필요해. 손상된 날개로 계속 발전기를 운용할 경우 발전 효율이 떨어지는 것은 물론, 기기 수명이 줄어들고 대형사고로도 이어질 수 있거든.

80m 높이의 풍력발전기 위에 올라가는 게 쉬운 일은 아니야. 로프 하나에 의지한 채 상공에서 수리할 지점까지 내려가 보수 작업을 해야 하거든.

그런데 높은 곳을 올라갈 때는 크레인을 타고 올라가는 게 더 안전하지 않나요?

맞아. 게다가 높은 곳은 바람도 많이 불어서 로프에 매달려 수리하는 건 너무 위험할 것 같아.

크레인을 이용해 수리할 경우 100m 이상의 거대한 풍력발전기 작업에는 한계가 있고 풍속 등 날씨 제약이 더 크단다.

하지만 로프를 타고 블레이드를 보수할 경우, 더 높은 곳에서 작업이 가능하고 크레인 작업과 비교해 작업 가능한 풍속도 훨씬 범위가 넓다는 장점이 있어.

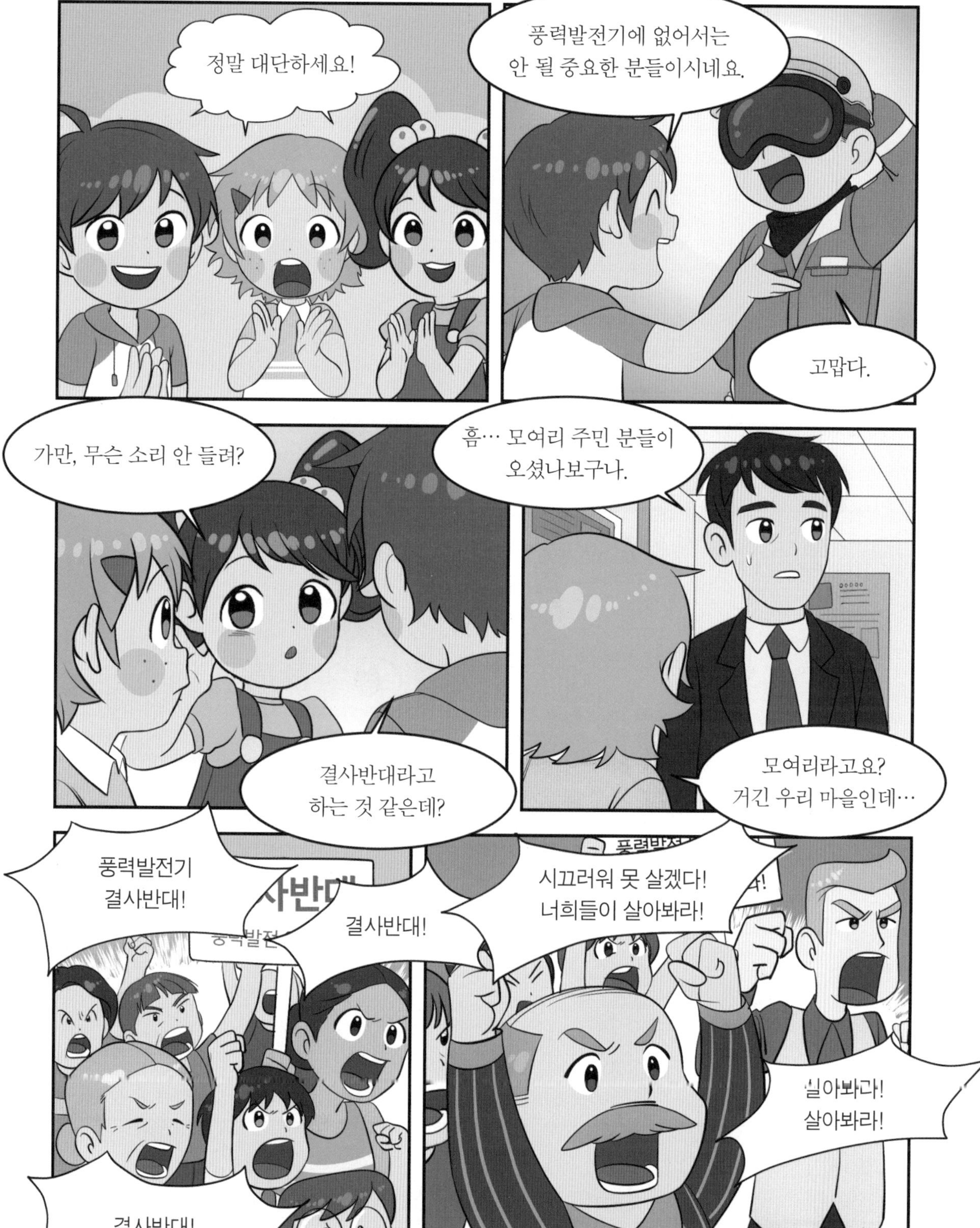
정말 대단하세요!
풍력발전기에 없어서는 안 될 중요한 분들이시네요.
고맙다.
가만, 무슨 소리 안 들려?
흠… 모여리 주민 분들이 오셨나보구나.
결사반대라고 하는 것 같은데?
모여리라고요? 거긴 우리 마을인데…
풍력발전기 결사반대!
결사반대!
시끄러워 못 살겠다! 너희들이 살아봐라!
살아봐라! 살아봐라!
결사반대!

풍력발전기를 왜 반대하는 거지?

글쎄… 무조건 반대는 아닐 테고. 무슨 이유가 있겠지.

풍력발전기는 블레이드 돌아가는 소리가 큰 편이란다.

풍력발전기가 들어서면 시끄러울까봐 마을 사람들이 반대하는 거군요?

맞아.

마을에 피해를 주지 않고, 풍력발전기를 세울 수 있는 좋은 방법이 없나요?

연구소에서도 머리를 맞대고 그 문제를 해결하기 위해 노력 중이란다. 그런데 쉽지가 않구나.

신재생에너지가 얼마나 좋은데. 전기료도 아끼고 지구도 살리고… 진짜 좋은 건데.

제가 마을 사람들을 설득해 볼게요!
지구온난화를 막아내고 바다를 살리는 길은
신재생에너지뿐이잖아요!

초롱아,
네가 왜 여기에 있니?

엄마!

그러니까 네 말은 풍력발전기를
설치해야 한다는 거니?

혹등고래를 위해서라도
그래야 해요.

그렇지만 마을 사람 모두가
반대하는데…

할머니, 그날 일을
벌써 잊으신 거예요?

그날 일을
내가 어떻게 잊겠니.

푸하

할망*!

어멍*!

초롱아,
망사리*가 한 가득이야!

※ 할망: 할머니의 제주도 사투리　　※ 어멍: 어머니의 제주도 사투리
※ 망사리: 제주도에서 해녀가 채취한 해물 따위를 담아두는 그물로 된 그릇

46

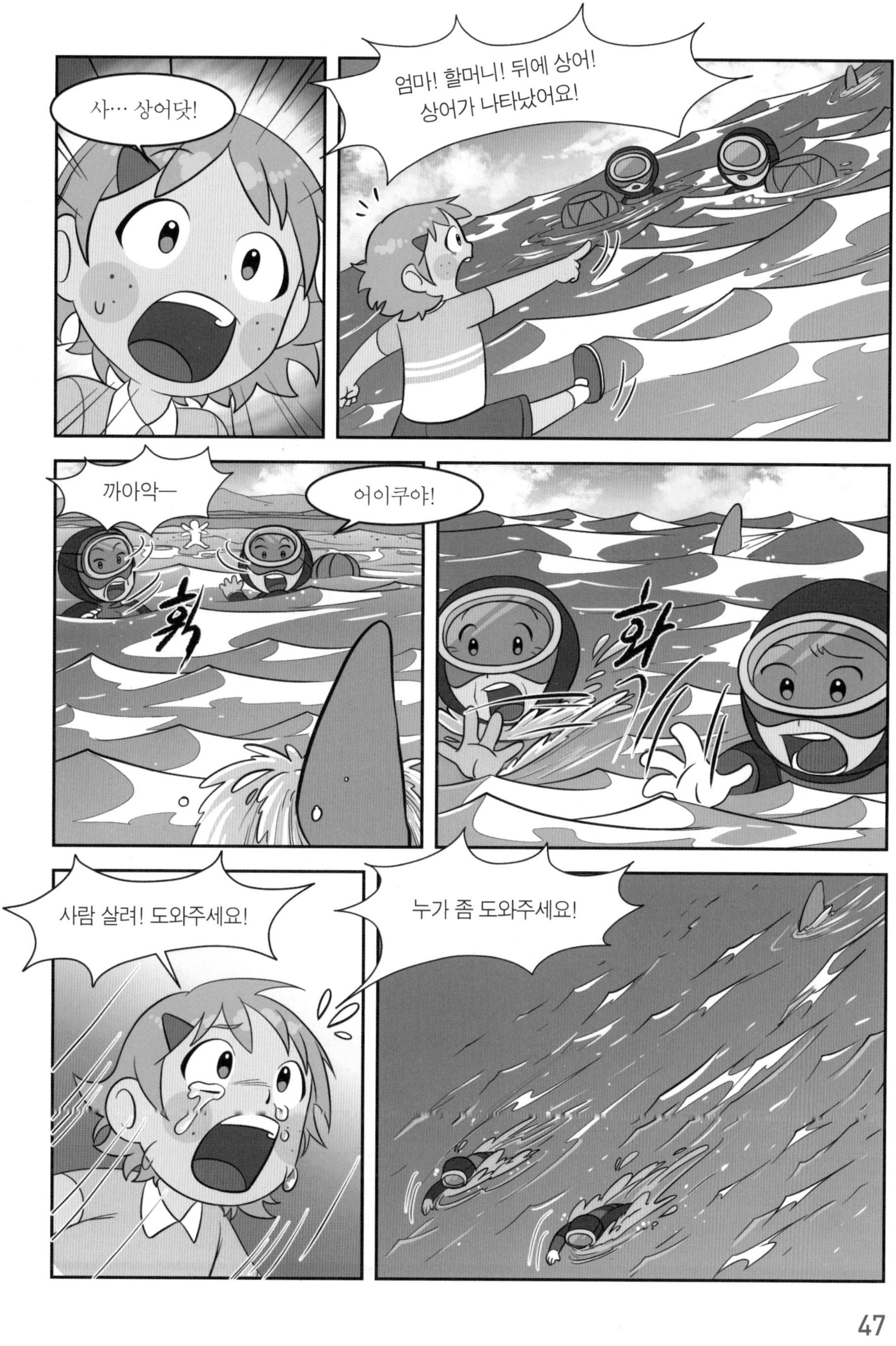
사… 상어닷!
엄마! 할머니! 뒤에 상어!
상어가 나타났어요!
까아악—
어이쿠야!
휙
확
사람 살려! 도와주세요!
누가 좀 도와주세요!

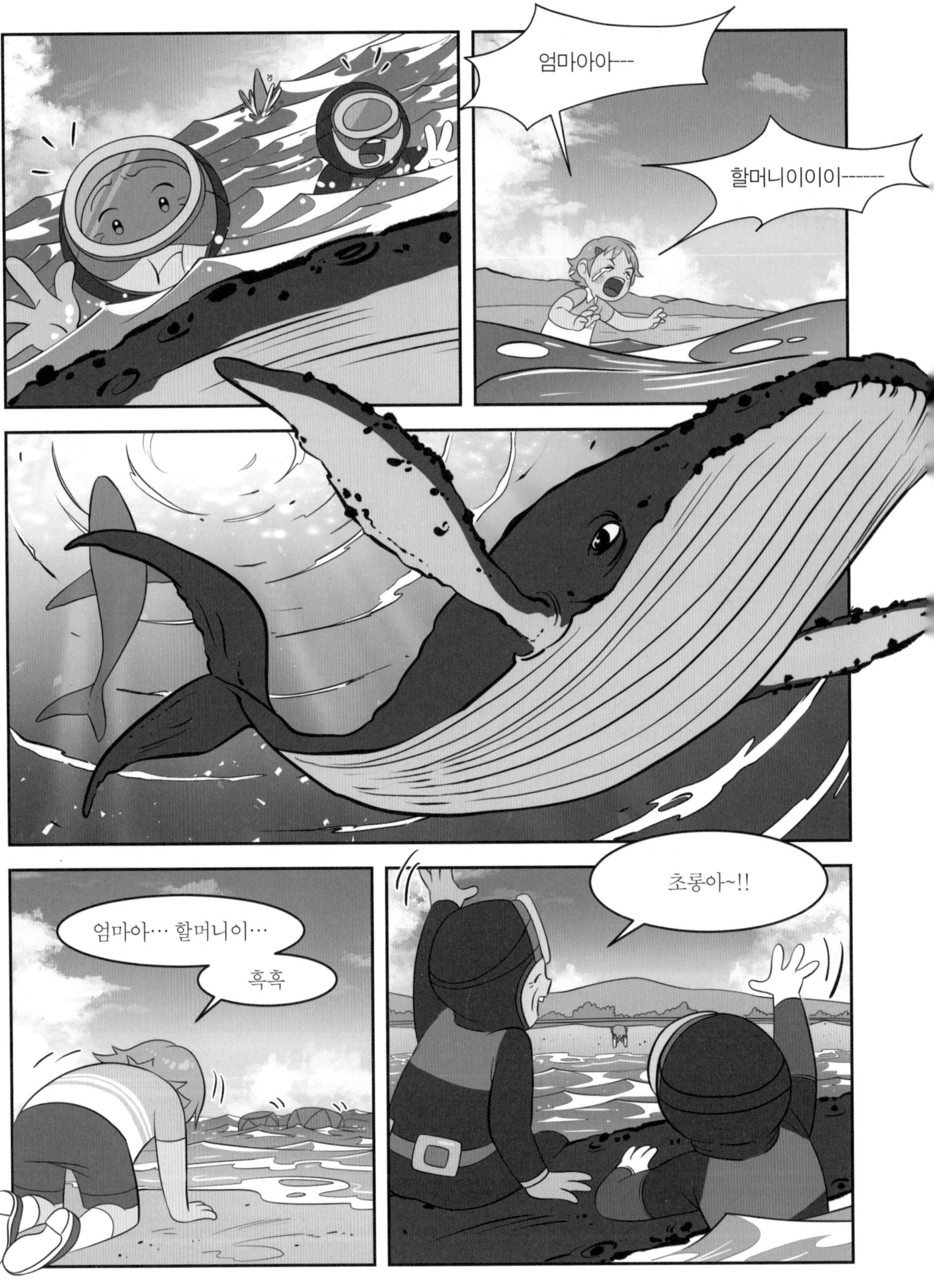
엄마아아--
할머니이이이------
엄마아… 할머니이…
흑흑
초롱아~!!

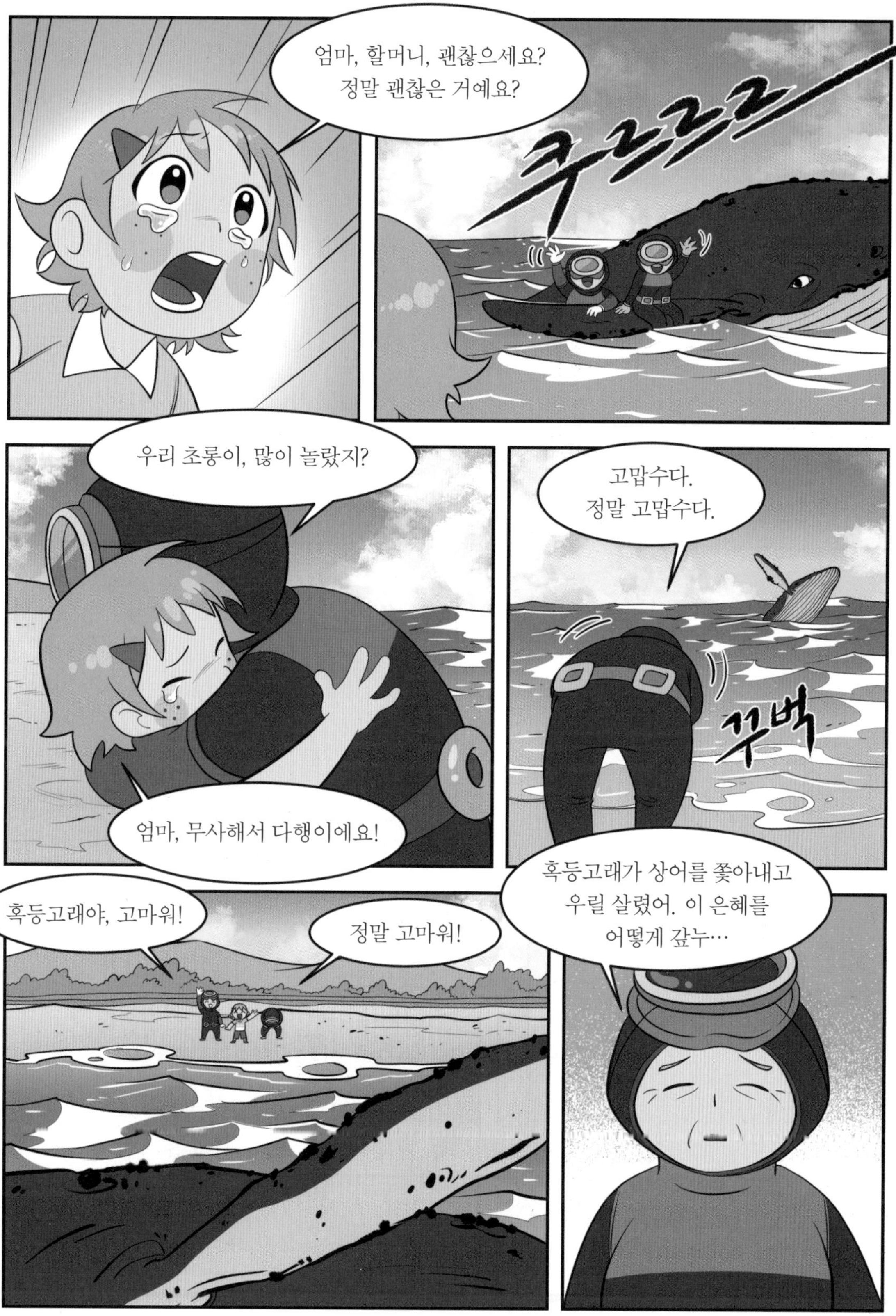
엄마, 할머니, 괜찮으세요?
정말 괜찮은 거예요?
쿠르르르
우리 초롱이, 많이 놀랐지?
엄마, 무사해서 다행이에요!
고맙수다.
정말 고맙수다.
꾸벅
혹등고래야, 고마워!
정말 고마워!
혹등고래가 상어를 쫓아내고
우릴 살렸어. 이 은혜를
어떻게 갚누…

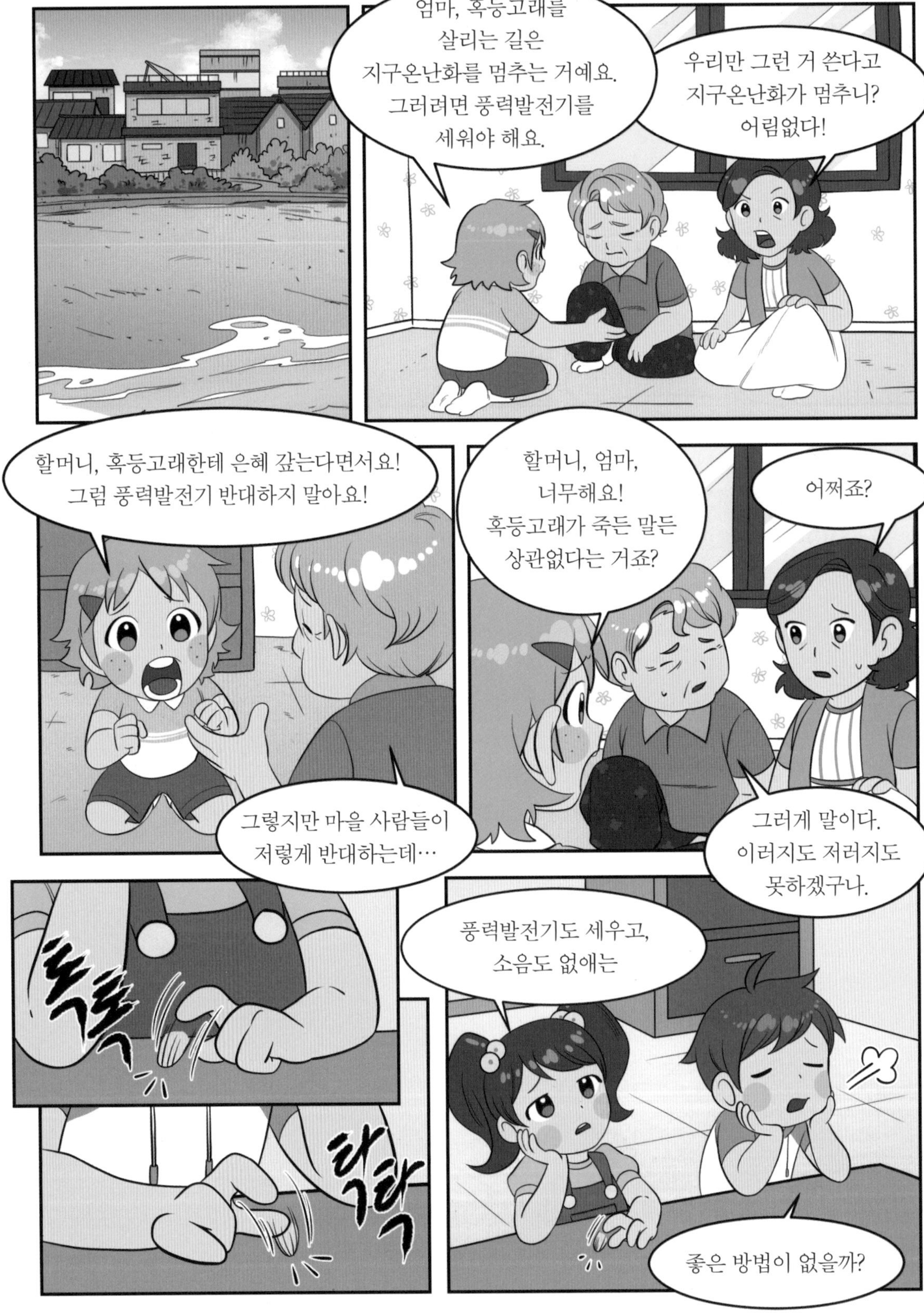
엄마, 혹등고래를 살리는 길은 지구온난화를 멈추는 거예요. 그러려면 풍력발전기를 세워야 해요.
우리만 그런 거 쓴다고 지구온난화가 멈추니? 어림없다!
할머니, 혹등고래한테 은혜 갚는다면서요! 그럼 풍력발전기 반대하지 말아요!
그렇지만 마을 사람들이 저렇게 반대하는데…
할머니, 엄마, 너무해요! 혹등고래가 죽든 말든 상관없다는 거죠?
어쩌죠?
그러게 말이다. 이러지도 저러지도 못하겠구나.
톡톡
탁탁
풍력발전기도 세우고, 소음도 없애는
좋은 방법이 없을까?

바닷바람을 이용한 해상풍력발전

해상풍력발전은 바다 속에 풍력발전기를 설치하는 것입니다. 강한 바닷바람을 이용할 수도 있고 풍력발전기를 세우기 위한 공간이 육지보다 자유로우며 소음도 해결할 수 있어 세계적으로 해상풍력발전이 늘고 있는 추세입니다.

신재생에너지의 역사

화석연료는 한정되어 있기 때문에 이 자원을 두고 세계 여러 나라들은 소리없는 전쟁을 치르고 있어요. 신재생에너지는 이런 화석연료를 대체할 에너지로 각국의 관심을 한몸에 받고 있어요. 언제부터 신재생에너지의 필요성을 느끼고 어떻게 발견하게 되었는지, 신재생에너지의 역사를 살펴볼까요?

● 태양광발전

1839년 에드먼드 베크렐이 아버지의 연구실에서 태양빛 등 빛이 특정 물질에 닿으면 전기에너지로 변하는 광기전력 효과를 처음으로 관찰하게 돼요. 이를 본 에드먼드는 이것을 토대로 세계 최초의 태양전지를 만들어내요. 이후 1873년 영국의 공학자인 윌로비 스미스도 광기전력 효과를 발견하고 태양전지를 만들었어요. 많은 과학자들이 태양전지를 만들었지만 효율이 1%밖에 되지 않아 상용화가 어려웠어요. 이런 난관을 극복하기 위해 연구하던 중 미국의 제럴드 피어슨, 대릴 채핀, 캘빈 풀러가 최초로 4% 효율을 보이는 실리콘 소재의 태양전지를 만들어내요. 마침내 1970년대 들어서서 엘리엇 버먼 박사는 태양전지를 저렴하게 만들어내는 데 성공하고 태양광발전의 대중화가 시작돼요.

● 풍력발전

풍력발전 이전에 바람의 힘을 이용하는 풍차가 있었어요. 사람들은 풍차를 이용해 크고 무거운 제분기나 펌프를 움직이게 만들었어요. 그러다 1888년에 들어서서 바람을 활용하여 전기에너지를 만들게 돼요. 미국의 찰스 브러쉬는 세계 최초의 풍력발전기를 미국 오하이오주에 설치했는데요. 이 풍력발전기는 자동운전으로 운용될 수 있는 최초의 발전기였어요. 이후 1920년에 들어서고

나서야 프랑스의 다리우스는 현재 우리가 많이 사용하고 있는 수직축 풍력발전기를 제작하는 데 성공해요. 1941년에는 미국에서 세계 최초로 MW급 풍력발전에 성공하였고 신재생에너지가 되는 풍력발전의 무한한 잠재력을 확인시켜주었어요.

● 지열발전

지구 내부의 열을 이용하여 전력을 만들어내는 지열을 개발하고 산업에 활용하기 시작한 시기는 19세기 초예요. 특히 이탈리아의 라데렐 지역에서는 지열로 전기에너지를 생산하기 위해 많은 연구를 했는데요. 그 결과 1904년 지열로 만든 증기를 통해 전기를 만드는 첫 지열발전에 성공했어요. 1970년대 미국에서는 지열에 유리한 화산지대가 아니어도 지열발전을 가능하게 하는 인공지열저류층 생성방식(EGS)을 개발했어요. 이를 바탕으로 수많은 지열발전소가 생겨났고 인류에게 새로운 에너지를 가져다 줄 지열에너지를 이끌어냈어요.

가을이의 눈물

해안에서 떨어진 바다 위에 풍력발전단지를
세우면 마을이 소음으로 고생할 일은 없습니다.

그리고 무엇보다 제주의 깨끗한 바다를
지키기 위해서라도 신재생에너지가 꼭 필요합니다.

박사님, 우리 초롱이 말처럼 신재생에너지를
사용하는 게 혹등고래를 위하는 길이요?

혹등고래처럼 멸종위기 동물을 위해서라도
신재생에너지로 전환해야 합니다.

어멍,
우리가 마을 사람들을 설득해 봐요.
어멍은 대상군 해녀니까, 사람들이
어멍 말에 귀를 기울일 거예요.

그래. 제주를 위하는 길이라는데
우리가 나서 보자.

아빠가 초롱이 할머니를 잘 설득했을까?

모두를 위해서 풍력발전단지를 세우는 거니까, 초롱이 할머니도 찬성하실 거야. 그치 초롱아?

응! 우리 할머니, 혹등고래를 위하는 일이라면 꼭 하실 거야. 그리고 대상군 해녀라서 제주를 위해서라도 하실 거고.

대상군 해녀? 그게 뭐야?

해녀를 구분할 때 하군, 중군, 상군, 대상군으로 나누거든. 대상군은 해녀들의 수장이라고 할 수 있어.

그만큼 오래 숨을 참고 깊은 바다에까지 들어갈 수 있는 실력과 경험을 가졌다고 할 수 있어. 그래서 등급에 따라 들어갈 수 있는 바다도 달라.

초롱아, 너희 엄마도 해녀신 거야?

응, 엄마도 해녀시고, 나도 해녀가 될 거야.

대단하다, 그럼 3대가 해녀인 거네?

멋있어. 낭만적이야~

앗, 아빠다!

너희들 여기 있었구나?

아빠~

박사님, 어떻게 됐어요? 할머니, 엄마가 뭐라고 하세요?

해상풍력발전단지를 세울 수 있도록 마을 주민들을 설득해 주기로 하셨단다.

야호~

만세!

흑등고래야, 이제 우리가 널 지켜줄게! 조금만 기다려 줘~!

초롱아, 집에 태양광 패널을 설치했구나?

그러고 보니 초롱이네는 이미 신재생에너지를 사용하고 있었네.

헤헤, 사실 신재생에너지인지 몰랐어. 태양광 패널을 설치하면 전기료를 아낄 수 있다고 해서…

이산화탄소는 지구온난화의 주범이야. 그런데 화석연료를 태우면 이산화탄소가 발생하기 때문에 에너지 전환이 필요하단다.

우리나라 화력발전소는 2019년 2월 기준 60개가 가동 중입니다.

동해(4)
삼척(2)
인천(6)
당진(10)
태안(10)
보령(10)
보령 1, 2호기 폐쇄

2019. 02 기준
60개 가동중

삼천포
1, 2호기 폐쇄
하동(8)
호남(6)
여수(4)
호남 1, 2호기 폐쇄

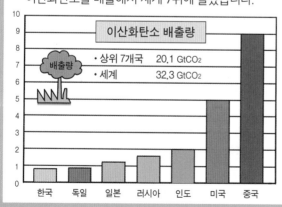

대한민국은 화석연료 연소를 통해 2017년 한 해 6억 톤의 이산화탄소를 배출해서 세계 7위에 올랐습니다.

이산화탄소 배출량

배출량
• 상위 7개국   20.1 GtCO$_2$
• 세계   32.3 GtCO$_2$

한국 독일 일본 러시아 인도 미국 중국

우리나라는 2015년 파리기후변화협약을 맺었는데, 파리기후변화협약은 지구온난화를 막기 위한 국제사회 협약입니다.

57

아빠, 창문형 태양광발전시스템도 개발했다는 기사도 봤어요.

기존 공동주택 태양광발전시스템은 일반적으로 옥탑, 측벽 등에 설치하는 형태였어. 그래서 설치할 공간을 마련하기가 어려웠거든.

대박! 그럼 따로 태양광발전을 설치하지 않아도 되는 거예요?

하지만 창문형 태양광발전시스템은 말 그대로 창문을 이용하기 때문에 편리해졌단다.

우리나라 사람들은 천재인 것 같아요!

그럼 제로 에너지 건축물이 되는 거 아니에요?

제로 에너지 건축물? 그건 또 뭐야?

제로 에너지 건축물 인증제도

우리나라는 2017년 1월부터 제로 에너지 건축물 인증제를 시행하고 있습니다. 건물의 자체 에너지 소비량 최소화 정도를 평가하여 ZEB 인증을 1~5등급으로 부여합니다. 2020년 공공부문을 시작으로 2025년 민간부문까지 단계적으로 제로 에너지 건축물을 확산하기 위해 시행될 계획입니다.

제로 에너지 건축물은 에너지와 온실가스를 줄이기 위해 건물의 에너지 사용량을 최소화한 건물을 말해.

신재생에너지를 생산해 건물의 총 에너지 소비량을 최소화하는 건축물이기도 해.

그런데 태양광에너지의 단점은 없을까?

태양광의 특성상 겨울이나 궂은 날씨에는 발전량이 충분하지 않을 때도 있고, 넓은 태양광발전단지가 들어서려면 수많은 산림이 훼손되기도 해서 환경을 파괴한다는 의견도 있어.

땅을 차지하는 태양광발전단지도 있지만 이를 대신해 파도가 없고 수면이 안정적인 저수지를 활용해 보자는 생각으로 만든 것이 수상태양광발전이야.

우리나라는 저수지가 많아서 5%만 활용해도 약 560만 명이 사용할 전력 공급이 가능하기에 활발하게 연구개발 중이란다.

수상태양광발전은 우리나라에 알맞는 발전형식이군요!

딩동댕~! 초롱이는 하나를 가르쳐주면 두세 개를 아는구나.

10%

수상태양광발전은 물 위에 설치하는 거라서 셀의 최대 효율 온도로 유지하기 쉽단다. 그리고 수면에 반사되는 잔광도 있어 땅 위와 비교해 10% 이상 높은 효율을 보이기도 하지.

유상태양광발전은 설치 면적이 넓어야 하기 때문에 설치 장소를 찾기 어렵고 온도가 높은 곳에서는 발전 효율이 떨어진다는 단점이 있어. 이러한 단점을 보완한 발전 형태가 바로 수상태양광 발전소야.

우리나라에는 대표적인 수상태양광발전이 있는 두 개의 댐이 있어. 합천댐 수상태양광발전과 보령댐 수상태양광발전인데, 합천댐 수상태양광발전은 국내 최초로 상용화된 곳이기도 해.

박사님, 물 위에 태양광패널을 설치하면 환경에 영향은 없나요?

맞아요, 왠지 위험할 것 같기도 하구요.

우선 강한 지지구조물로 만들어 안전하고 태풍에도 끄떡없도록 설계됐단다.

패널의 기자재에서도 오염물질이 나오지 않는 걸로 조사됐고, 설치물 밑에 물고기가 모이는 것을 보면 생태계에도 영향을 미치지 않는다는 걸 알 수 있지.

우리집도 태양광패널을 설치하길 잘했네요.

초롱이네 킹왕짱!

아마 태양광패널을 놓고 나서 전기요금도 굉장히 많이 줄었을 걸?

맞아요! 엄마가 그러셨는데 5만 원 나오던 전기요금이 3분의 1로 줄었다고 하셨어요.

그런데 아빠, 초롱이 할머니와 엄마는 어디 계세요?

두 분은 말이다…

바다를 살리려면 신재생에너지로 전환을 해야 한다고 합디다.

무조건 반대만 하지 맙시다. 후손들을 위해서라도 깨끗한 바다, 깨끗한 제주를 물려줘야 하지 않겠소?

바다에 풍력발전기를
놔도 괜찮은 거예요?

날개 돌아가는 소리가
마을에까지 들리면 어떡해요.

소음은 걱정 안 하셔도 된대요.
해변에서 떨어진 곳에 설치할 거고요.
파도소리 때문에 소음도 안 들린대요.

그렇다면 반대할 이유가 없죠.

맞아요. 우리는 조용한 마을이
시끄러워질까봐 반대하는 거니까요.

그럼 우리 해녀들은 모두
찬성하는 걸로 알고 있겠소.

네~~

네~~

네~~

그럼 모두 집에 돌아가셔서 가족들을
설득해 주세요. 주민들 동의가 있어야
해상풍력발전도 설치하는 거니까요.

주민동의서

모여리 해상풍력발전
설치에 찬성합니다.

서귀포시 모여리 마을주민

할머니, 엄마, 이게 다 동의서라고요?
마을 분들이 모두 찬성하신 거예요?

신재생에너지로 바꿔야
지구도 살리고, 제주도 살리고, 바다도
살릴 수 있다는데 그래야지.

우리 해녀들이 뭉쳐서
안 되는 일이 어디 있니?

할머니, 고맙습니다! 이번에
할머니가 혹등고래를 살리신 거예요.

아이고, 할미 넘어진다~

박사님께 마을 사람들
동의서라고 하면 아실 거야.

봉투 잃어버리지 않게 잘 들고 가야 해.

걱정마세요. 초롱 택배기사,
바람같이 달려가서 전달하고 올게요.

앗, 봄아~

초롱아, 연구소에는 무슨 일이야?

해상풍력발전 동의서야. 마을 어른들이 모두 동의하셨어.

동의서

정말? 그럼 해상풍력발전을 세울 수 있겠네?

응. 우리 마을 어른들 멋있지?

진짜 멋있다~

박사님께 동의서 가져다 드리려고 왔어.

박사님!

동의서 가져왔어요!

소장실

회의중

초롱아, 아빠 지금 회의 중이신데?

어? 어. 그러네.

지열발전소는 조금 더 조사를 해봐야 합니다. 포항과 같은 일이 또 일어난다면 큰일입니다.

맞습니다. 지질조사와 적합성을 더 따져 봐야 합니다.

추후 다시 한 번 지질학자와 조사위원을 꾸려 지열발전 설치의 타당성을 살펴보도록 하죠.

좋습니다.

아, 봄이와 초롱이구나!

초롱아, 정말 고맙구나.
할머니와 어머니께도 진심으로
감사하다고 전해다오.

네~ 박사님.

그런데 아빠, 무슨
회의를 하신 거예요?

제주에 지열발전소를 세우면
어떠냐는 의견이 있어서 검토 중이란다.

지열발전소요?

지열발전소는 또 뭐지…?

지열발전소는 절대 안 돼요!
아빠는 벌써 포항에 제 친구 은아
일을 잊으셨어요?

맞다! 가을이
친구 구은아!

잊을 리가 있겠니. 그래서
좀 더 신중하게 검토하고 따져보기로
했으니 너무 걱정하지 마렴.

도대체 무슨 일이지?

진짜 어른들은 너무 이기적이에요!
아직도 은아는 고통 받고 있는데, 그런 발전소를
또 세우려고 하다니, 너무해요!

가을이가 화를 내는 거 보면 보통
심각한 일이 아닌 것 같은데…

어른들은 다 똑같아!

가을아!

가을아!

잘 몰라서 그러는데 지열발전소라는 게 뭐야?
뭔데 가을이 네가 그렇게 화를 내는 거야?

초롱아, 너 포항 지진에 대해 들어봤니?

지진은 잘 알지만 포항
지진에 대해서는 잘 몰라.

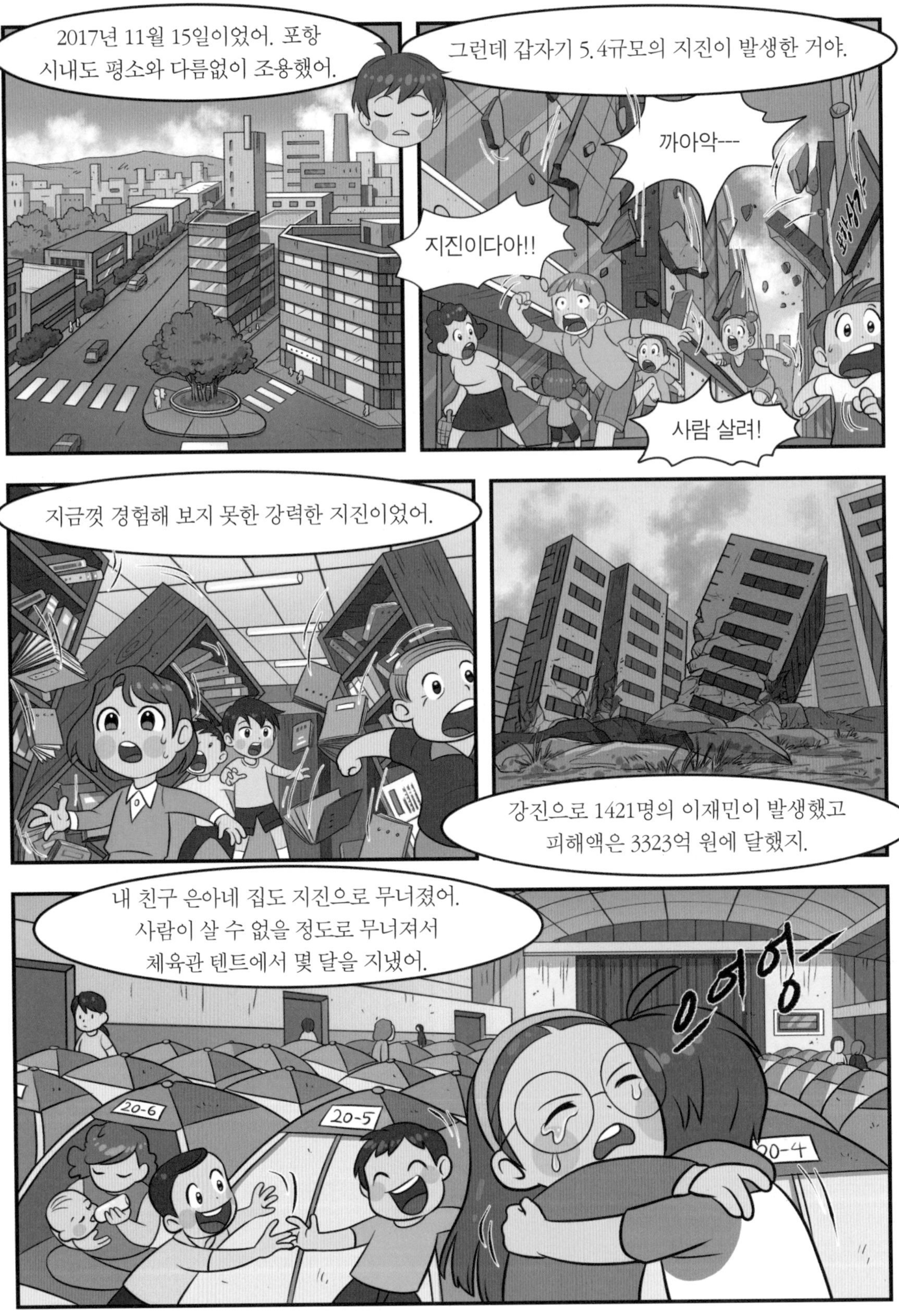

2017년 11월 15일이었어. 포항 시내도 평소와 다름없이 조용했어.
그런데 갑자기 5.4규모의 지진이 발생한 거야.
까아악---
지진이다아!!
사람 살려!
지금껏 경험해 보지 못한 강력한 지진이었어.
강진으로 1421명의 이재민이 발생했고 피해액은 3323억 원에 달했지.
내 친구 은아네 집도 지진으로 무너졌어. 사람이 살 수 없을 정도로 무너져서 체육관 텐트에서 몇 달을 지냈어.
20-6
20-5
20-4
으어엉~

포항에 지진이 난 건 알겠는데, 지진하고 지열발전소하고 무슨 상관이야?

처음에 포항사람들도 지진이 나자 자연재해인 줄 알았어.

그럼 다른 원인이 있었다는 거야?

지진은 자연재해가 맞지만 포항지진은 자연재해가 아니라고 발표됐단다.

앗, 박사님!

포항지진은 지열발전소가 그 원인이라고 판단하고 있습니다.

포항지진과 지열발전의 연관성에 관한
정부조사연구단 결과발표 기자회견

지열발전은 땅에서 올라오는 지열에너지를 이용해 전기를 생산하는 거야. 우리나라에서는 포항에 처음으로 지열발전소가 들어섰던 건데…

그런데 지진이 났다 이거지.

박사님, 도대체 지열발전이 뭔데 지진을 일으키나요?

지열발전소가 모두 지진을 촉발하는 건 아니란다.

포항의 경우는 지열발전소를 세우기 전에 좀더 정밀한 사전조사를 하지 않았던 게 원인이라고 할 수 있지.

지열에너지는 땅속의 열을 이용해 얻을 수 있는 에너지란다. 지열발전소는 주로 화산활동이 있거나 온천이 발달한 지역에 세우는데 아시아에서는 일본, 백두산 등 화산 지역에 발전소를 짓는 것이 효율적이라는 연구 결과가 있단다.

지열발전 원리

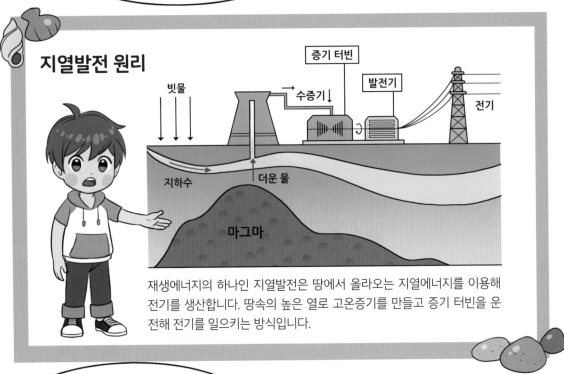

빗물
증기 터빈
발전기
수증기
전기
지하수
더운 물
마그마

재생에너지의 하나인 지열발전은 땅에서 올라오는 지열에너지를 이용해 전기를 생산합니다. 땅속의 높은 열로 고온증기를 만들고 증기 터빈을 운전해 전기를 일으키는 방식입니다.

포항은 다른 지역보다 땅속 온도가 높다고 해. 땅속으로 물을 넣었을 때 열에너지를 빠르게 얻을 수 있어서 지열발전소 최적의 장소로 꼽었어.

5km
℃
180
0
2010년

물 주입
고온증기 발생
파이프
지상
지하
100M 이상
마그마

지열발전소는 땅에 박아 넣은 파이프를 통해 강한 압력으로 물을 집어넣어서 돌에 틈이 만들어지고 틈이 생기면서 지진이 유발된 거야.

포항 지진과 유사한 사례가 스위스에도 있었단다. 스위스 바젤에 세워진 지열발전소로 인해 2006년 지진이 일어났지.

박사님, 도대체 왜 지진이 난 거예요?

포항 지열발전소가 세워진 지역이 지진단층이었을 가능성이 높단다. 땅이 약한 구조 분지여서 조금만 충격이 가해져도 지진이 발생할 가능성이 높은 거지.

어른들이 지열발전소가 들어서는 것에만 들떠서 지반에 대한 정밀조사를 제대로 안 한 게 분명해.

만약 제주에 지열발전소가 들어선다면 이 아빠가 책임지고 철저히 조사한 뒤 짓도록 하마.

내가 그런 지진을 겪었다면… 으~ 상상도 하기 싫어.

친구 때문에 정말 많이 속상했겠다.

토닥 토닥

은아는 나와 둘도 없는 단짝이었는데 포항에 이사 가자마자 지진을 겪어서 아직도 힘들어하거든.

신재생에너지가 지구를 지키는 좋은 에너지인 건 맞지만 발전소나 발전단지를 만들 때는 신중해야겠네.

올~ 초롱이, 제법인데.

자, 어린이들은 그런 걱정 그만하고 놀 때는 열심히 놀아야지!

역시 아빠는 뭘 좀 아신다니까~

아빠, 고맙습니다!

응?

한참 놀 나이라면서요.

사먹고 싶은 건 많은데 돈이 없네.

자, 초롱이랑 같이 맛있는 것도 사먹고 바다에서 실컷 놀다 와라.

고맙습니다!

근데 초롱아 나도 혹등고래랑 친해지고 싶은데, 어떻게 해야 해?

맞아. 나도 친해지고 싶어.

하~ 아무하고나 친구하는 혹등고래가 아니거든~

우리가 왜 아무나냐?

근데 얘들아, 저 앞에 뭐가 꿈틀거리는 것 같지 않아?

뭐가?

뭔데?

저-기.

뭐가 움직이는 것 같기도 하고?

뭐지?

가 보자!

아무것도 없는데?

뭐가 움직이는 게 보였는데…

너무 더워서 아지랑이가 일어난 거 아닐까?

그런가? 내가 잘못 봤나?

그런가 봐. 아무것도 없네 뭐. 가자.

국민 86%, 신재생에너지 확대에 찬성

2018년 가을 한국신재생에너지학회와 녹색에너지전략연구소는 '신재생에너지에 대한 국민인식조사'를 실시했어요. 국민들이 신재생에너지에 대해서 어떻게 생각하고 있는지 알아볼까요?

'신재생에너지에 대한 국민인식조사' 결과 국민 10명 중 8명 이상이 태양광과 풍력 등 신재생에너지 확대에 찬성한다는 조사 결과가 나왔어요. 조사 대상의 53.2%가 신재생에너지 이용 확대에 '매우 찬성한다'고 답하고 33.0%가 '약간 찬성한다'라고 답해서 찬성 의견이 총 86.2%로 나타났어요. 반대한다는 답은 '약간 반대'(5.8%)와 '매우 반대'(5.4%)로 총 11.2%라고 해요. 신재생에너지의 장점으로 제시한 '지구온난화 대응', '자연에서 무한정 얻을 수 있음', '신산업 육성과 일자리 창출'에 대해서는 동의한다는 답이 각각 78.8%, 78%, 73%로 높게 나타났어요. 신재생에너지의 단점에 대한 인식은 '날씨 민감성(82.4%)', '높은 발전 단가(64.4%)', '적은 잠재량(36.8%)' 등이었답니다. 에너지 정책 수립에서 가장 중요하게 고려해야 하는 요인은 '환경오염을 줄여야 한다'가 42.2%로 가장 많았어요. 그 다음이 '경제성이 있어야 한다(28.1%)', '대형 안전사고 위험성을 줄여야 한다(19.4%)', '자원의 해외 의존도가 낮아야 한다(9.8%)' 등이었어요.

신에너지의 종류

신에너지는 기존에 사용하던 화석연료를 변환시키거나 수소나 산소의 화학 반응으로 생성되는 전기 또는 열을 이용하는 에너지예요. 즉 신에너지는 새로운 자원을 개발하여 얻는 에너지가 아니라 기존의 에너지원에 새로운 기술을 도입해 얻는 에너지이지요. 이러한 신에너지에는 어떤 종류가 있는지 알아볼까요?

● 연료전지

수소, 메탄, 메탄올 등의 연료를 산화시켜서 생기는 화학에너지를 전기에너지로 바꾸는 전지예요. 연료전지는 영국의 과학자인 그로브가 처음 만들었어요. 이후 미국항공우주국(NASA)에서 위성과 우주선의 발전기로 사용하게 되면서 최초로 상용화됐어요. 오늘날 연료전지는 건물의 비상 발전기에 사용되거나 외딴 지역의 건물용 발전기에 이용되고 있어요. 연료전지는 기존의 발전 방식과 달리 연료를 연소하지 않고, 두 가지 이상의 물질 사이에 화학 변화가 일어나서 다른 물질로 변화하는 화학 반응을 통해 전기가 발생하기에 환경오염을 줄일 수 있어요. 또한 소음과 공해가 없고 전기를 생산하는 과정에서 발생하는 열도 활용할 수 있어서 높은 효율성을 지녀요.

● 수소에너지

수소가 기체 상태에서 연소할 때 발생하는 폭발력을 이용하여 얻는 에너지원이에요. 수소 형태로 에너지를 저장하고 사용하는 에너지원이기 때문에 석유나 석탄을 대체할 수 있는 미래의 깨끗한 에너지원이랍니다. 일반 연료, 수소 자동차 등 여러 분야에서 사용할 수 있고 물을 분해하여 얻을 수 있기 때문에 이용할 수 있는 에너지량도 많아요. 또 만드는 과정에서 생겨나는 공해물질에 대한

염려도 적어요. 그렇지만 수소를 만들어내는 비용이 높고 수소에너지를 이용하는 비용이 경제성이 낮다는 단점이 있어요. 현재 수소에너지원을 만들기 위해 필요한 막대한 양의 물을 값싸게 들여올 방안이 필요해요..

● **석탄 액화·가스화**

석탄 액화·가스화 기술은 고체 연료인 석탄을 액체 연료로 전환시키거나 높은 압력으로 가스화시켜서 에너지를 발생시켜요. 석탄 액화 기술은 석유를 대체할 수 있는 액체 연료를 만들고, 석탄 가스화 기술은 석탄으로부터 도시가스에 사용할 수 있는 기체 연료를 만드는 기술이에요. 석탄 액화는 석탄이 고체이기 때문에 운반하고 처리하는 과정이 어려운데, 이런 단점을 해결하기 위해 만들어졌어요. 석탄을 액체 상태의 연료로 변환하는 기술이 석탄 액화 기술이에요. 석탄 액화 기술은 직접 액화와 간접 액화 등 두 가지 제조 기술이 있는데요. 이러한 기술을 통해 액화된 석탄은 석유가 쓰이는 모든 곳에 사용될 수 있어요. 석유보다 유해물질이 적어 친환경적이에요.

김수한무를 만나다

초롱아, 우리 혹등고래 한번만 더 만나게 해주라.

그래, 한번만 더 보자, 응? 응?

NO

왜? 왜 안 돼? 우리도 친구하면 좋잖아.

맞아, 초롱이 너 혼자 혹등고래를 지키는 것보다 우리가 힘을 보태면 더 좋잖아.

너희도 혹등고래를 지키겠다고?

응!

플라스틱은 20초 만에 생산되지만 플라스틱 빨대가 분해되기까지는 약 200년, 페트병이 분해되기까지는 약 400년이 걸립니다.

어험, 나는 400년이야. 우리 플라스틱들이 지구를 정복해 버리겠어!

나는 200년이 지나야 없어지지.

나는 '용기내' 챌린지도 하고 있어! 엄마와 마트에 갈 때 비닐 대신 다회용 용기를 가지고 가서 식품이나 과일을 담아 와.

용기내 챌린지

'용기내 챌린지'는 다회용 용기를 직접 가져가 플라스틱이나 비닐봉지 같은 일회용 용기를 사용하지 않고 음식을 구매하는 환경운동입니다

너희들 좀 멋있다? 혹등고래와 친구가 될 자격이 충분해.

그럼 오늘부터 1일?

얼른, 초롱아. 혹등고래 좀 불러 봐.

그래, 빨리 보고 싶어!

저기 봐!

혹등고래가 왔어? 어디?

고래야, 안녕~!

후우이이

혹등고래가 휘파람을 불어.

후이

혹등고래는 고래 중에서 가장 소리를
잘 내는 고래라고 알려져 있어.

지금 낸 저 소리는 해녀들
숨비소리와 비슷해.

숨비소리? 그게 뭐야?

호오이아

해녀가 숨을 참고 잠수를 했다가 물에 떠오르면서 숨을 내뱉는 소리를 '숨비소리'라고 해.

얘들아, 저기 봐!

어디?

풍─덩

우와아아─!

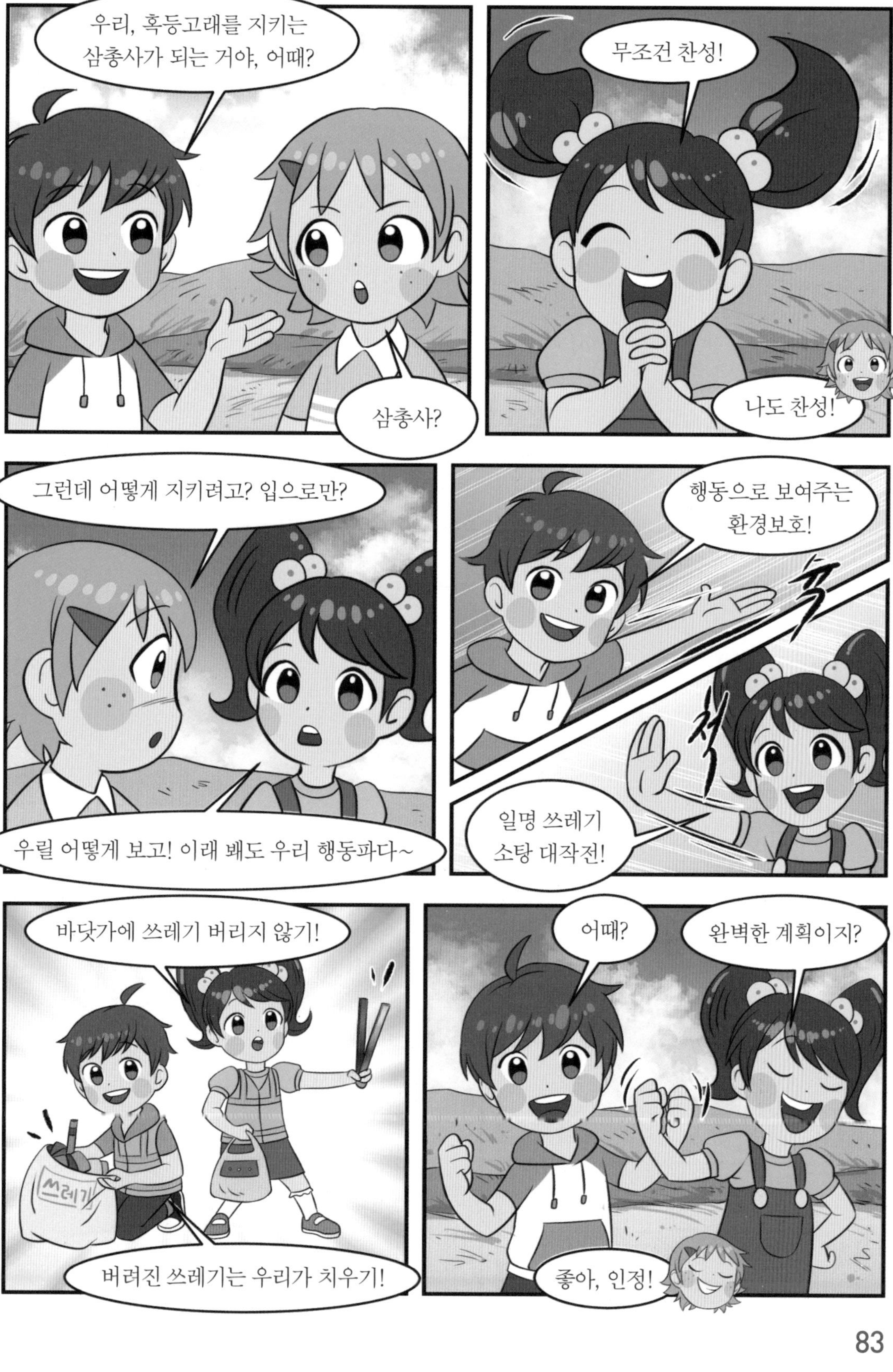
우리, 혹등고래를 지키는 삼총사가 되는 거야, 어때?
삼총사?
무조건 찬성!
나도 찬성!
그런데 어떻게 지키려고? 입으로만?
우릴 어떻게 보고! 이래 봬도 우리 행동파다~
행동으로 보여주는 환경보호!
휙
척
일명 쓰레기 소탕 대작전!
바닷가에 쓰레기 버리지 않기!
쓰레기
버려진 쓰레기는 우리가 치우기!
어때?
완벽한 계획이지?
좋아, 인정!

근데 바다 위에 반짝반짝 빛이 나는 건 뭐지?

물고기들 아닐까? 전에 아빠 낚시할 때 보니까 물고기 비늘이 햇빛을 받아서 반짝거리던데.

저건 물고기가 아닌 것 같은데…

저 작은 알갱이가 도대체 뭐지?

글쎄, 나도 처음 보는 거라 모르겠어.

이게 다 뭐야?

얘들아! 이것 좀 봐!

세상에! 바다에 왜 이렇게 쓰레기가 많은 거야?

모조리 플라스틱 쓰레기야. 이 작은 플라스틱 알갱이는 또 뭐지?

엄마가 며칠 전에 그러셨어. 바다에 작은 플라스틱 알갱이가 떠다닌다고, 그게 이건가 봐.

반짝

앗, 안 돼!

그건 먹이가 아냐! 플라스틱 알갱이라고!

끌꺽

이런 거 먹으면 죽는 거 아냐?

왜 아냐, 플라스틱 조각을 먹고 바다거북이도, 고래도, 바닷새도 죽었다고!

도대체 이 알갱이가 뭐기에 갈매기가 먹이로 착각하는 거지?

얘들아. 그게 뭔지 궁금하니?

누구세요?

바다거북, 아니 지구, 뭐냐 거…

바다거북? 지구?

나는 지구온난화대책위원이란다.

지구온난화대책위원요?

그게 뭐하는 건데요?

뭐긴 뭐야? 말 그대로 지구온난화 대책을 연구하는 거지.

그런 곳도 있었나?

왜 없어! 내가 거기 대장인데, 당연히 있지!

뭐, 있다 치고! 그럼 이 알갱이가 뭔데요?

펠릿!

펠릿? 그게 뭐예요?

미세플라스틱, 즉 플라스틱 수지 펠릿이라고 하는데, 플라스틱 생산에 사용되는 원재료란다.

환경단체인 녹색연합이 제주 해변 3곳의 미세플라스틱 현황을 조사했는데, 스티로폼, 노끈 등 많은 양의 플라스틱이 발견됐다고 해.

그리고 플라스틱의 생산 원료이자 5mm 이하의 아주 작은 플라스틱 알갱이 '펠릿'까지 관찰됐다고 해.

제주 해변에서 발견된 플라스틱들

그런데 이게 왜 바다에 넘쳐나는 거죠?

사람들이 아무 데나 쓰레기를 버리니까 그렇겠지!

너희들, 해양 플라스틱 쓰레기가 분해되는데 500년 이상이 걸린다는 거 아니?

500년이나요?

사실 전 세계 해양 쓰레기의 80%가 플라스틱이지. 봄이 네가 쓰고 버린 빨대!

가을이 네가 먹다 버린 페트병!

미안해, 바다야~

초롱이 네가 쓰고 버린 비닐봉지 등이 모두 해양 플라스틱 쓰레기야.

이제 나와 이별하자. 다시는 너를 찾지 않으마.

너희들도 한 번쯤 봤을 거야. 몇 해 전, 해양 쓰레기로 고통 받는 바다거북이 모습을 말이야.

기억나요. 죽은 새끼 바다거북의 배 속에서 플라스틱 조각이 104개나 나와서 엄청 충격적이었어요.

새끼 바다거북이가 플라스틱 조각을 먹이인 줄 알고 먹었구나.

이게 다 사람들 때문이야! 자기 편하자고 아무 데나 쓰레기를 버리는 나쁜 사람들!

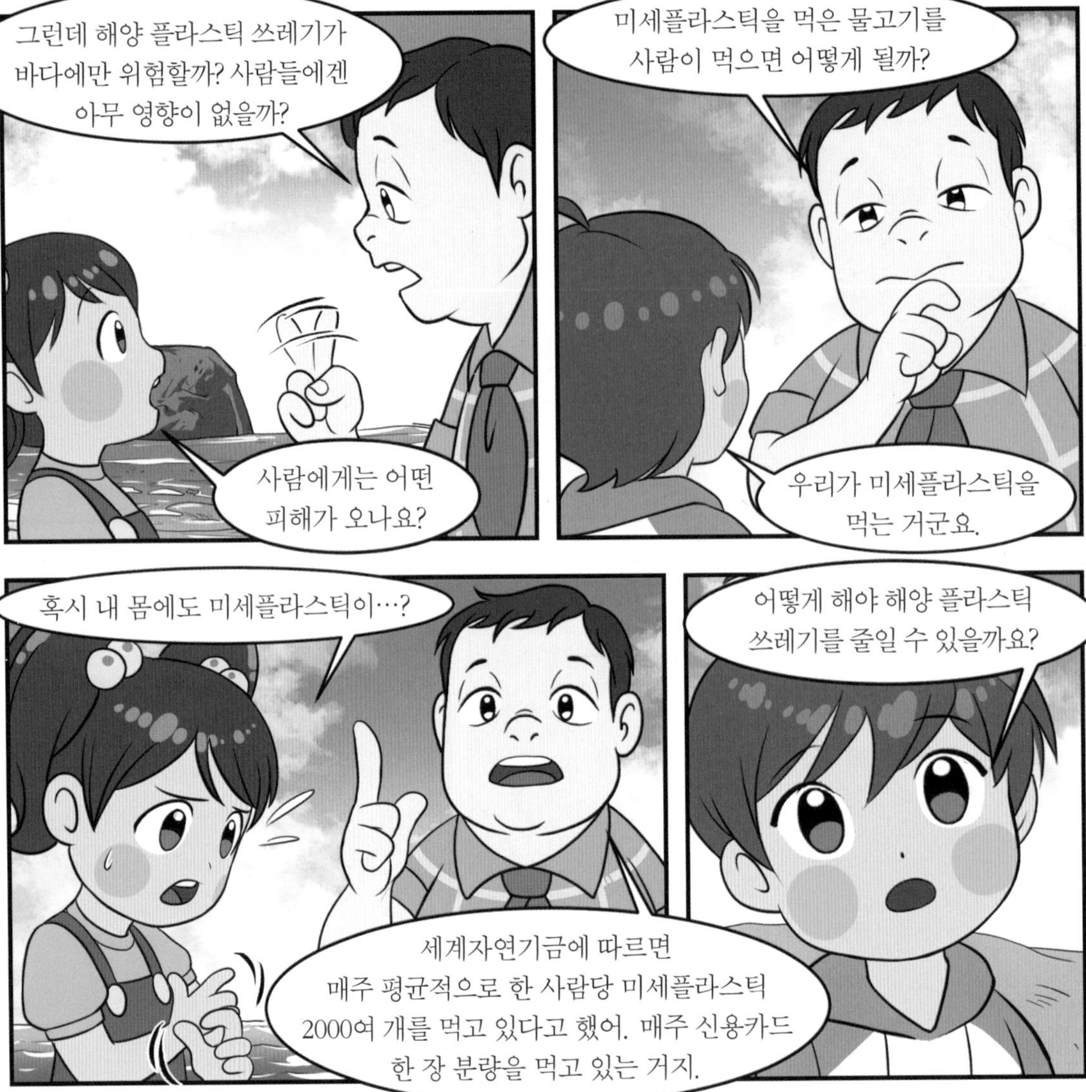
그런데 해양 플라스틱 쓰레기가 바다에만 위험할까? 사람들에겐 아무 영향이 없을까?
사람에게는 어떤 피해가 오나요?
미세플라스틱을 먹은 물고기를 사람이 먹으면 어떻게 될까?
우리가 미세플라스틱을 먹는 거군요.
혹시 내 몸에도 미세플라스틱이…?
세계자연기금에 따르면 매주 평균적으로 한 사람당 미세플라스틱 2000여 개를 먹고 있다고 했어. 매주 신용카드 한 장 분량을 먹고 있는 거지.
어떻게 해야 해양 플라스틱 쓰레기를 줄일 수 있을까요?

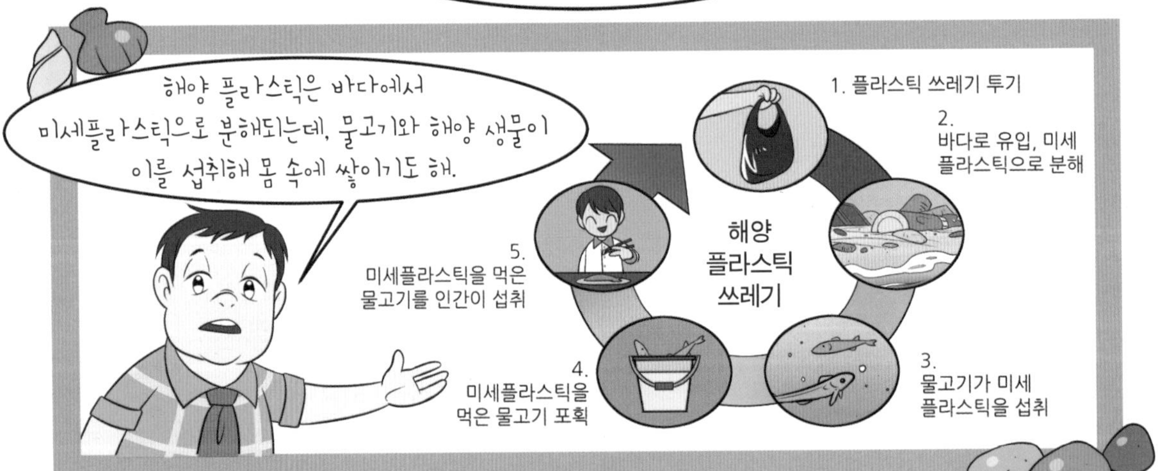
해양 플라스틱은 바다에서 미세플라스틱으로 분해되는데, 물고기와 해양 생물이 이를 섭취해 몸 속에 쌓이기도 해.
해양 플라스틱 쓰레기
1. 플라스틱 쓰레기 투기
2. 바다로 유입, 미세 플라스틱으로 분해
3. 물고기가 미세 플라스틱을 섭취
4. 미세플라스틱을 먹은 물고기 포획
5. 미세플라스틱을 먹은 물고기를 인간이 섭취

바다는 한 사람의 노력으로 깨끗해지지 않아. 우리 모두가 일회용품을 쓰지 말고, 바닷가에 쓰레기를 버리지 않아야 바다가 깨끗해질 거야.

그런데 말이야. 사람들이 똑똑한 게, 버려지는 플라스틱병을 3D프린터 재료로 사용하기도 한단다.

3D프린터라면 인쇄하는 것처럼 입체물을 만들어내는 기기 말이죠?

너 제법 똑똑하구나? 하지만 이건 모를 걸?

뭘 몰라요?

버려지는 나무나, 해조류, 음식물 쓰레기, 산업폐기물 등 재생폐기물을 이용해 에너지를 얻을 수 있다는 걸 말이다!

쓰레기로 에너지를 만든다고요?

대박~~~~!!

아저씨, 우리가 어리다고 거짓말하는 건 아니죠?

그게 신재생에너지는 아니잖아요?

쪼꼬미들이 속고만 살았나. 사람들이 바이오에너지를 잘 몰라서 그렇지 신재생에너지 맞거든!

우리보고 쪼꼬미라니…

우리가 모르는 신재생에너지가 있었구나.

바이오에너지란 바이오매스를 태워서 열과 빛을 얻거나 가스나 액체, 고체 연료 형태로 가공해 사용하는 에너지야.

바이오매스

에너지 이용 대상이 되는 생물체, 관련 부산물을 총칭하는 단어입니다. 나무나 고구마, 사탕수수나 해조류 등의 유기체나, 종이, 음식물 쓰레기, 폐식용유와 같은 재생폐기물도 바이오매스의 종류입니다. 또는 동물의 분뇨, 음식물 쓰레기 등도 바이오매스의 종류 중 하나입니다. 이런 원재료들을 가공한 다음 자동차 연료, 가정의 난방 연료, 발전소의 전기 생산 원료 등으로 사용합니다.

아저씨는 바이오에너지에 대해 잘 알아요?

바이오에너지는 재생폐기물을 태워 사용하니까 매립되는 쓰레기의 양을 줄일 수 있지. 또한 식물의 광합성을 통해 메탄, 이산화탄소를 흡수함으로써 온실가스의 배출을 줄일 수 있고, 가스, 전기 등 다양한 형태로 에너지의 전환도 가능하지.

그런데 쓰레기를 태우면 이산화탄소가 발생하잖아요?

지구온난화의 주범, 이산화탄소? 그럼 혹등고래를 못 지키는 거네?

물론 바이오에너지에도 단점이 있어. 재생폐기물을 태우면서 먼지나 황산화물을 대기 중에 내뿜기 때문이지.

바이오 작물을 키울 때 농약이나 제초제를 사용함으로써 야생 동물의 서식지를 파괴하기도 해서 문제가 되기도 해.

하지만 단점을 보완하면 2035년에는 전체 재생에너지 공급량의 52%를 차지할 거라고 예상하고 있단다.

아저씨, 커피 찌꺼기로 에너지를 만들 수 있다고요?

늘어나는 커피 소비로 커피 찌꺼기도 많이 생겨나지. 우리가 커피를 마실 땐 원두의 0.2%만 사용하고 나머지 99.8%는 모두 쓰레기로 배출되거든.

커피 찌꺼기로 만드는 바이오 원유

한국기계연구원은 시간당 약 200kg의 커피 찌꺼기를 바이오 원유로 바꿀 수 있는 경사 하강식 급속 열분해 반응기를 개발했다고 합니다. 커피 찌꺼기의 발열량은 톱밥으로 만든 원유보다 높은 약 6,000kcal(1kg당)로 효율이 높습니다. 나무에는 없고 원두에는 있는 기름기 때문에 같은 양을 태워서 낼 수 있는 에너지가 더 큰 것이죠.

지금 당장! 전 세계는 신재생에너지로 전환을 해야 해!

그래야 바다도 살고 불쌍한 바다생물들도 살지, 훌쩍.

근데 왜 울어요?

울긴 누가 울었다고 그래. 눈에 먼지가 좀 들어가서 그런 거야.

에이~ 불쌍한 바다생물 그러면서 울었잖아요.

안 울었다니까. 봄이 너는 언제나 말이 많더라.

어떻게 아셨어요?

초롱이 넌, 오지랖이 너무 넓어. 사람부터 동물까지 참견이 많아.

제가요?

내가 용왕 제1비서관이니까!

그리고 가을이 너는 말이야.

잠깐! 우리 이름을 어떻게 아세요? 우린 아저씨를 처음 보는데요?

우리 이름을 어떻게 알았을까?

이상해…

예전부터 우리를 지켜봐 온 것 같이 말하고 있어.

이상하긴 뭐가 이상해. 난 지구에서 일어나는 일은 다 알고 있다고!

멀꺽

뭐지? 이 거리두기는?

봄, 가을. 너희 아빠 신재생에너지연구소 소장이잖아!

우리 아빠 또 어떻게 아세요?

박사님 친구세요?

아하, 아빠 친구 분이시군요?

그래, 맞아. 그런데 이 바닷가엔 쓰레기가 왜 이리 많은지 모르겠어. 제주 바다는 깨끗하다고 하더니…

안 되겠어. 보고서를 올려야겠군.

아하! 환경 보고서군요? 아빠 친구가 맞네.

우리 아빠도 환경 보고서를 써요!

연구소에 같이 가실래요? 아빠는 연구소에 계세요.

박사님, 친구를 사귀는 취향이 특이하시네.

내 멋짐에 반했군.

그럼 박사님을 만나러 가보자. 박사님과 할 얘기가 많단다.

저희가 안내해 드릴게요!

으이구, 이상하다고 할 땐 언제고…

재생에너지의 종류

재생에너지는 자연발생적인 에너지예요. 태양의 복사열, 공전과 자전, 지구의 핵 등에서 비롯된 에너지이지요. 태양, 바다, 바람 등 자연 환경을 에너지로 바꿔 만들어지는 재생에너지에는 어떤 종류가 있는지, 이들의 장단점은 무엇인지 알아볼까요?

● 태양열에너지

태양빛 에너지를 모아 전기로 바꾼 에너지예요. 해가 떠 있는 시간이 길고 화창한 날씨가 자주 있는 지역에서 주로 사용해요. 태양열에너지는 공해를 만들지 않고 양에 제한이 없어 오랜 기간 사용할 수 있다는 장점이 있어요. 반면 태양열에너지를 얻기 위한 장치인 태양열 이용 시스템을 설치하는 비용이 비싸고 전력 생산량이 햇빛의 양에 영향을 받는다는 단점이 있어요.

● 바이오에너지

살아있는 생물체나 유기계 폐기물에서 생겨나는 에너지예요. 나무를 사용해 땔감으로 사용하거나 식물에서 기름을 추출해 식물성 기름의 연료를 만드는 등 동·식물의 에너지를 이용하는 것이에요. 석유나 석탄 등의 화석연료보다 공해물질을 훨씬 더 낮게 배출하고 원료 고갈의 문제가 없다는 장점이 있어요. 또한 열과 전기뿐만 아니라 난방이나 연료 형태로도 생산이 가능해서 에너지 활용도가 높아요.

● 태양광에너지

태양의 빛에너지를 변환시켜 전기로 바꿔
주는 태양전지를 이용한 에너지예요. 태
양에너지를 이용하기에 지속적으로 발전
할 수 있고 공해를 일으키지도 않아요. 또
필요한 전기량의 생산 조절이 가능해요.

● 풍력에너지

풍력에너지는 바람이 가진 운동에너지를
회전력으로 바꿔 전기에너지로 생산해낸
에너지예요. 쉽게 말해 바람이 풍차의 날
개를 회전시킬 때 발생하는 회전력이 에너
지로 바뀌는 것이지요. 풍력에너지는 무한

한 청정에너지이고 발전기 설치 시 비용이 적게 들어간다는 장점이 있어요. 반
면 바람이 잘 불지 않을 때를 대비하여 충전 기술이 필요하고 여기에 비용이 많
이 들어간다는 단점이 있어요.

● 수력에너지

물의 흐름으로 얻은 운동에너지를 전기에
너지로 바꾼 에너지예요. 수력에너지는
한번 발전기를 건설하면 직접적인 폐기물
을 방출하지 않고 이산화탄소 배출량도
낮다는 장점이 있어요.

● 지열에너지

지하 수 킬로미터 깊이에 존재하는 뜨거운 물과 돌 등 땅이 지닌 열에너지를 활용하여 얻는 에너지예요. 발전 비용이 저렴하지만 땅 밑을 채굴해야 하기에 환경적인 제약이 있어요.

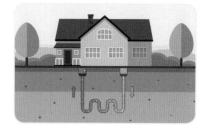

● 해양에너지

바다에서 발생하는 에너지로 파력, 온도차, 조력 에너지로 분류돼요. 해양에너지는 양이 무한하고 장소의 제약이 없지만, 해양 생태계에 영향을 미칠 수 있다는 단점이 있어요.

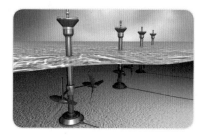

● 재생폐기물에너지

불에 잘 타는 재생폐기물 중 에너지 함량이 높은 폐기물을 활용하여 연료를 생산하는 에너지예요.

에너지 전환이 필요해

으윽~ 매연!

콜록

부아아앙

콜록

꼼짝마라, 이산화탄소!

그게 뭐예요?

이산화탄소 측정기!

자동차에서 배출하는 이산화탄소 양이 엄청나게 늘고 있어.

보고서를 수시로 쓰시네요?

전 세계 자동차 보유대수가 14억 대를 넘어섰어. 그 많은 자동차에서 이산화탄소가 매일매일 뿜어져 나온다고 생각해 봐.

우와, 환경오염이 엄청 심하겠는데요?

지구상에서 자동차는 매년 8600만 대씩 팔리고 있다고! 생산과 운용, 폐기 전 과정에서 엄청난 이산화탄소를 뿜어내고 있는 셈이지.

국제환경단체 그린피스의 보고서에 따르면 자동차 산업은 2018년에 248억 톤의 이산화탄소를 방출했다고 해.

CO_2

CO_2

CO_2

CO_2

신재생에너지로 에너지 전환이 필요해.

근데 왜 '대한민국 자동차 환경오염 문제임'이라고 썼어요?

전 세계의 자동차들이 모두 이산화탄소를 만들어내는데 왜 대한민국이라고 콕 집은 거예요?

그, 그건 말이지…

봄아, 여기가 어디니?

제주도지. 그건 왜 물어?

그러니까 대한민국 제주도에서 이산화탄소를 측정했으니까 대한민국이라고 쓰신 거겠지.

맞아! 가을이 너 참 말 잘한다.

아빠! 지금 서울에 가신다고요?

그럼 이 아저씬 어떻게 해?

그 대신 다른 아저씨가 우리를 좋은 데 데려가 주신다고요? 알겠어요.

어떻게 하죠? 아빠가 지금 공항이시래요. 갑자기 서울에서 회의가 잡혀서 참석해야 하신대요.

나는 괜찮아. 너희 아빠는 다음에 만나도 되거든.

우리 어디 가는데?

기대된다. 빨리 연구소로 가보자.

그래!

이리 오너라~

크큭, 여기가 민속촌인 줄 아시나봐.

얘들아, 어서 오너라. 기다리고 있었단다.

안녕하세요?

나도 있습니다.

은행카드가 아니고 사원증 카드가 있어야 합니다.

푸하하하, 아저씨 개그맨 같아요.

크큭큭.

푸하하하하하.

은행카드래.

당신은 뉘신지?

저는 바이오에너지를 연구하는 강현태입니다만, 어떻게 오셨나요?

폐식용유

유채유

해바라기유

대두유

팜유

바이오디젤

폐식용유나 유채유, 해바라기유, 대두유, 팜유 등의 식물성 기름과 알코올을 반응시켜 만드는 친환경 제품입니다. 우리나라는 2015년 온실가스 감축의 일환으로 신재생에너지 연료 혼합의무화제도(RFS) 에 따라 바이오디젤을 일정비율 혼합해 사용하도록 의무화했습니다. 2006년 경유에 바이오디젤을 0.5% 섞어 쓰기 시작했습니다. 2020년 현재는 의무적으로 3%를 혼합해 사용하도록 하고 있습니다.

바이오에너지 연구원

오래전부터 세계적으로 고갈되는 자원들을 대신해 바이오매스(작물, 재생폐기물 등)로 바이오에너지를 개발하기 위한 연구가 진행돼 왔습니다. 바이오에너지 연구원은 농장의 축산 분뇨, 음식물, 식물성 잔재물 등을 원료로 하여 바이오가스를 생성해 연료를 이용하거나 이를 연소시켜 전기를 얻는 방법을 연구합니다. 또 매립지에서 발생하는 가스를 활용해 도시가스나 자동차 연료 등으로 사용할 수 있도록 연구합니다.

저기, 연구원 양반? 바이오디젤 차, 승차감이 궁금하군요.

승차감이야 뭐…

연구원 아저씨, 우리 드라이브 가요!

해안가를 마구 달려요~

네?!

그렇지 않아도 박사님이 너희들 오면 신재생에너지 홍보관에 데려가라고 하셨어.

오예, 오예, 오예~

앗싸~ 신재생에너지 홍보관~

짝

어? 지구온난화 아저씨가 사라졌어!

그러게 어디 가셨지?

뭐하고 있어요? 어서들 가십시다~

빵빵

식물 연료

바이오 디젤로 달려요~

다 큰 어른이 말도 없이 사라지면 어떡해요?

바이오디젤 자동차를 찾아오느라…

아저씨가 제일 신나 보여요.

바이오디젤 차도 타보고 신재생에너지 홍보관도 가고, 완전 신나지~

토끼처럼 재빠른 아저씨도 찾았으니까 우리 그만 출발해요.

하하, 맞아 토끼보다 빨라.

토, 토끼라고? 토선생이 또 나타났나?

토선생은? 어딨어? 갔어?

으허어억--!! 토선생, 잘못했어!

저기요, 위원님. 바른 자세로 앉아 안전벨트를 매주세요.

휴우— 난 또…

그런데 아저씨, 토선생은 뭐고, 뭘 잘못했다는 거예요?

그거 토끼전 이야기 아냐?

토, 토끼--!

토끼보고 놀란 적 있으세요? 왜 그렇게 놀라세요?

출발, 출발,

토끼가 쫓아오기 전에 출발!!!

다 왔어, 애들아. 내리자.

여기가 신재생에너지 홍보관이구나.

와!

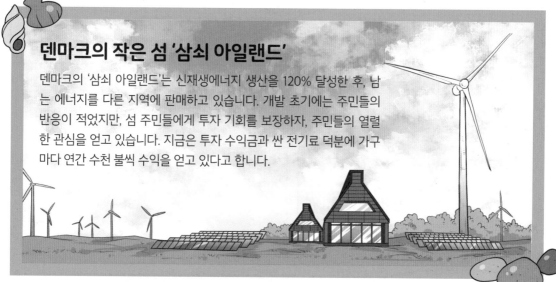

덴마크의 작은 섬 '삼쇠 아일랜드'

덴마크의 '삼쇠 아일랜드'는 신재생에너지 생산을 120% 달성한 후, 남는 에너지를 다른 지역에 판매하고 있습니다. 개발 초기에는 주민들의 반응이 적었지만, 섬 주민들에게 투자 기회를 보장하자, 주민들의 열렬한 관심을 얻고 있습니다. 지금은 투자 수익금과 싼 전기료 덕분에 가구마다 연간 수천 불씩 수익을 얻고 있다고 합니다.

연구원 아저씨, 이건 뭐예요?

주유기처럼 생겼는데?

전기차 충전소야. 자동차에 주유를 하듯이 전기차에 전기를 충전하는 곳이지.

제주에는 전기차가 2만 대가 넘게 있어.

전기차가 많아지면 왜 좋아요?

봄아, 아빠가 타고 다니시는 자동차에는 어떤 기름을 넣어?

석유요!

석유는 고갈 자원, 이산화탄소를 배출하는 화석연료지?

아하! 석유 대신 전기를 쓰는 차들이 많아지면 그만큼 이산화탄소를 줄일 수 있군요?

빙고~

연구원 아저씨, 수소차도 있지 않아요?

가을이가 수소차를 어떻게 알아?

뉴스에서 봤어요. 수소차가 미래 친환경 차라고 하던걸요.

우리나라 자동차 회사가 2013년 세계 최초로 수소 전기차를 만들어냈지. 우리나라 수소 전기차는 세계에서도 알아준단다.

역시 우리나라야~

짝짝

110

홍보관에 수소차가 있으니까 말 나온 김에 들어가서 보자.

완전 기대돼요~

신·재생에너지 홍보관

같이 가자.

야호!

이것 봐!

우와~

태양, 바람, 물, 바이오와 같은 신재생에너지가 여기 다 모여 있네.

이것 좀 봐, 자전거를 타니까 전기가 들어와.

얘들아, 저기 수소 자동차가 있어!

탄소 배출 없는 수소 자동차

수소 자동차는 수소를 연료로 사용하는 자동차야. 탄소 배출 없는 무공해 자동차로 차세대 교통수단으로 주목받고 있어.

우리나라에서는 1993년 성균관대학교에서 국내 최초로 수소연료 자동차 '성균1호'를 개발했습니다. 그리고 실용화에 성공한 회사는 현대 자동차입니다. 현대 자동차는 2017년 8월 한 번 충전으로 580km 이상을 주행할 수 있는 차세대 수소연료 전기차를 공개했고, 2018년 2월에는 수소연료 자율주행 자동차 넥쏘를 공개했습니다. 2020년 10월에는 수소 전기 트럭 일곱 대를 해외 고객에게 전달하기도 했습니다.

너희들 혹시 인류에게 가까운 미래에 닥쳐올 위험요소 1위가 뭔지 아니?

인류에게 닥칠 위험요소요?

음… 먹을거리?

땡!

물! 물이 부족하면 위험하지.

환경오염! 그거 요즘 문제잖아요.

역시 땡!

물은 2위예요. 참고로 이 예측은 1996년 노벨 화학상을 수상한 '리처드 스몰리'라는 화학자가 했어요.

혹시 에…너지?

딩동댕! 정답입니다!

에너지 문제가 큰 위험이긴 하지.

그래서 우리 아빠 같은 연구원이 신재생에너지를 연구하고 있는 거고 말이야.

지구 환경뿐 아니라 인류를 위해서라도 신재생에너지를 연구하고 개발해야 하는데

나는 연구 대신 이상한 남자와 아이들을 데리고 다니네.

이상한 남자라니!

나처럼 잘생기고 우아하고, 매력적인 사람, 보기 힘들 텐데.

저는 연구원 아저씨가 더 멋있어요~ 완전 제 스타일이에요.

흥! 수준하고는. 비쩍 마른 무말랭이 같이 생겼구만. 됐고! 그만 가자.

벌써요? 수소에너지는 알고 가야죠.

어서 오세요. 저는 수소에너지를 연구하는 AI 연구원 루미입니다. 빛나는 세 친구를 만나게 돼서 반가워요.

AI 연구원 루미? 두루미도 아닌 것이, 신기하군.

킥킥, 두루미래.

제가 두루미면 당신은 거북이인가요?

그, 그걸 어떻게!

이봐, 루미. 한번만 더 내가 거북이라고 떠들면 가만 안 두겠어.

타인의 자유나 신체, 명예 등에 피해를 주는 협박죄는 3년 이하의 징역이나 500만 원 이하의 벌금형이 내려집니다.

타인의 자유나 신체, 명예 등에 피해를 주는 협박죄는…

이 로봇이 나사가 하나 빠졌나. 자꾸 헛소리를 하네.

아저씨, 루미를 협박했어요?

아냐, 아냐, 내가 무슨 협박을 했다고 그래?

…협박죄는 3년 이하의 징역이나 500만 원 이하의 벌금형이 내려집니다.

미치겠네, 정말. 이러다 들키면 어떡하지?

벌을 받으시지!

안 돼! 내겐 임무가 있어.

잘못했다구…

…아저씨? 괜찮으세요?

아, 괜찮지 그럼. 내가 왜?

자꾸 잘못했다고 혼잣말을 하시길래요.

하하, 누가, 내가?

청정에너지원 중 하나인 수소에너지에 대해 설명해 드릴게요. 이제 협박과 잡담을 멈추고 제 얘기에 귀를 기울여주세요.

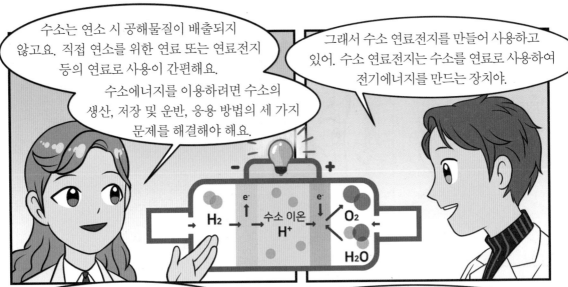

수소는 연소 시 공해물질이 배출되지 않고요. 직접 연소를 위한 연료 또는 연료전지 등의 연료로 사용이 간편해요. 수소에너지를 이용하려면 수소의 생산, 저장 및 운반, 응용 방법의 세 가지 문제를 해결해야 해요.

그래서 수소 연료전지를 만들어 사용하고 있어. 수소 연료전지는 수소를 연료로 사용하여 전기에너지를 만드는 장치야.

수소 이온 H^+

H_2

O_2

H_2O

제가 할 말을 먼저 해버리면 어떻게 합니까? 다시는 말을 못하게 할 겁니다.

연구원 아저씨, AI로봇에게 한방 먹었네요.

애들아, 이거 로봇이 사람 협박하는 거 맞지.

협박죄는 3년 이하의 징역이나 500만 원 이하의 벌금형이라며! 너 딱 걸렸어!

저는 협박이 아닌 경고입니다. 경고! 저에게 함부로 대하지 말아주세요. 저도 누군가의 소중한 로봇입니다.

수소에너지를 알려줘서 고마워, 루미.

별 말씀을요. 고마워해 주시니 저도 고맙습니다.

그럼 수소에너지 연구원은 어떤 일을 해요?

수소에너지 연구원은 수소 생산을 위해 화석연료 개질과 물 분해를 통한 수소 제조 기술, 핵심 요소 기술, 통합 시스템을 연구, 개발하고 있어.

슬금 슬금

결심했어. 수소에너지를 연구해 볼 거야!

수소에너지 연구원은 아주 전문적인 일을 하는구나.

수소에너지, 수소차에 대한 관심이 많음. AI 로봇은 말이 너무 많음. 잘생긴 사람을 못 알아봄.

또 적는 거예요? 아저씨는 왜 자꾸 뭘 적어요?

열심히 적어서 이번에는 꼭 인정받을 거야. 토끼한테 속은 이후로 몇 백 년째 용왕님께 구박만 받고 있다고.

토끼? 용왕? 무슨 말을 하는 거지?

117

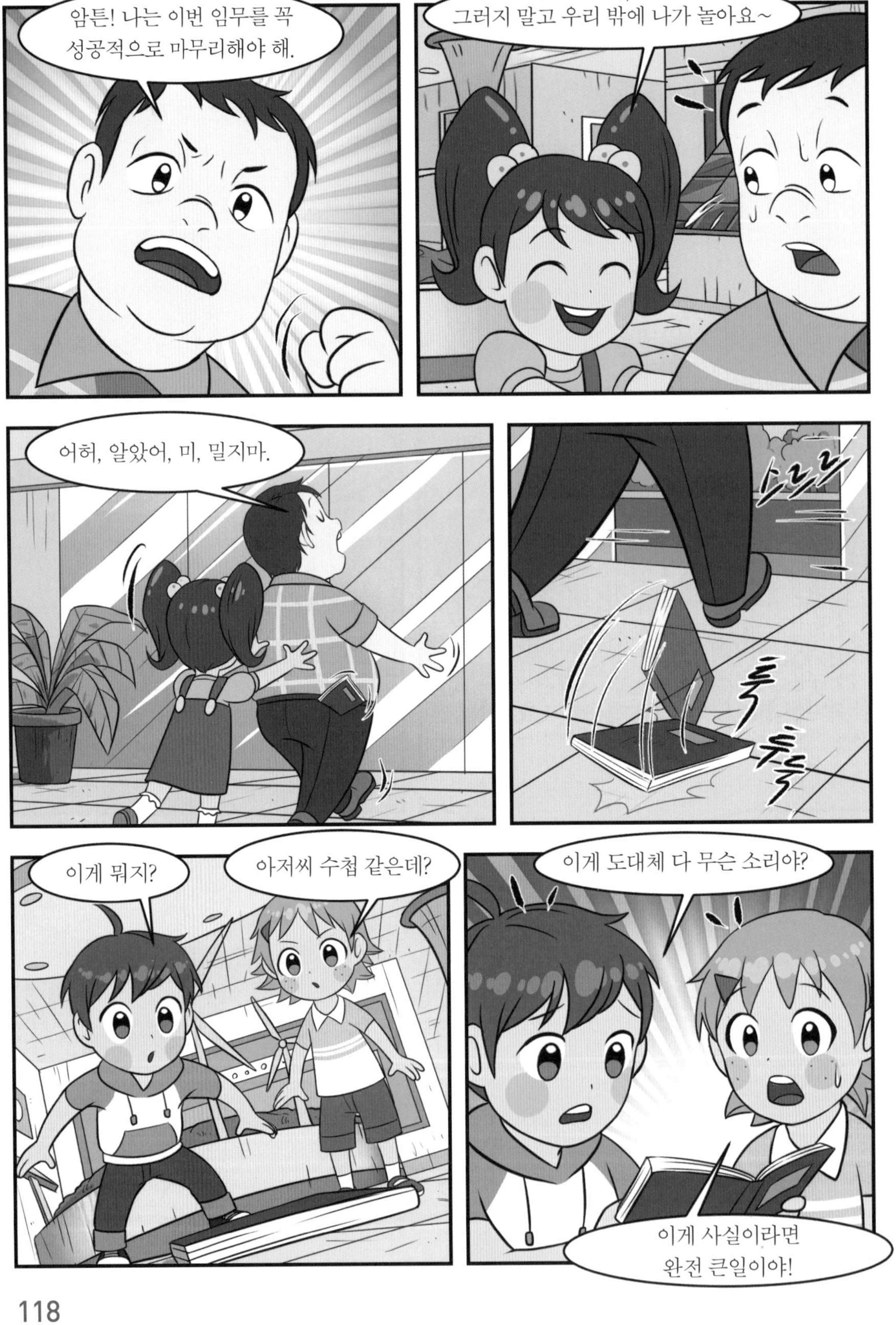
암튼! 나는 이번 임무를 꼭
성공적으로 마무리해야 해.
그러지 말고 우리 밖에 나가 놀아요~
어허, 알았어, 미, 밀지마.
스르르
툭
투둑
이게 뭐지?
아저씨 수첩 같은데?
이게 도대체 다 무슨 소리야?
이게 사실이라면
완전 큰일이야!

수소 자동차

수소 자동차는 수소를 연료로 사용하는 자동차예요. 일반 자동차는 공해물질을 많이 내면서 앞으로 나아가기 때문에 환경오염을 일으켜요. 이런 문제를 해결하기 위해 탄소 배출이 없는 무공해 자동차인 수소 자동차가 개발된 것이에요. 수소 자동차에 대해 알아볼까요?

수소 자동차는 공기 중의 산소와 수소를 화학반응하여 얻은 전기로 모터를 구동하는 방식으로 움직여요. 일반 가솔린 자동차와 달리 수소를 연료로 하기 때문에 배기가스의 주

성분은 물이며, 질소산화물이 약간 배출되는 것 외에는 공해물질이 거의 배출되지 않는 친환경적인 자동차예요.

수소 자동차는 미국·일본·독일 등의 선진국에서 오랫동안 연구되어 많은 시험 차량들이 제작되고 있고, 우리나라에서는 1993년 5월 최초의 수소 자동차 '성균 1호'를 개발하였어요.

수소 자동차의 장점은 충전에 걸리는 시간이 짧고 한 번 충전으로 400km 이상의 긴 거리를 달릴 수 있다는 것이에요. 그래서 버스나 선박 같은 장거리나 대규모 운송수단에서도 이용할 수 있어요.

반면 수소 자동차를 만들기 위해 들어가는 재료의 가격이 높기 때문에 생산 단가가 아주 높다는 단점이 있어요. 또 수소 자동차를 충전할 수소 충전소를 건설하려면 비용이 많이 들기 때문에 일상에서 널리 사용할 수 있을 때까지 오랜 시간이 걸릴 것으로 예상돼요.

세계의 신재생에너지 활용

우리나라에서는 전기자동차, 태양광 시스템 설치 지원 등 다양한 방면에서 신재생에너지가 활성화되도록 정책을 실시하고 있어요. 세계 여러 나라들은 신재생에너지를 어떻게 활용하고 있는지 알아볼까요?

● 독일

독일의 마우엔하임은 바이오에너지를 이용한 에너지 자립 마을로 유명해요. 이 마을에서는 2006년부터 생물체의 에너지량인 바이오매스를 이용하여 전기를 생산하고, 거주민들이 충분히 사용하고도 남을 전력을 생산해내고 있어요. 마우엔하임의 바이오매스발전은 매년 6500톤의 농작물을 이용하는데 옥수수, 곡식 등을 섞어 그 원료를 제공받고 있어요.

● 중국

중국의 도시 중 하나인 더저우는 풍부한 일사량을 갖추었고 베이징과 상하이를 잇는 교통 중심지로서의 역할도 하는 도시예요. 그래서 중국 정부에서는 더저우를 중국의 태양 도시로 만들기로 했는데요. 새로운 건물에 태양에너지 시스템을 적용하고, 건물의 벽과 지붕에 태양열 설비 장치를 설치했어요. 이런 노력으로 더저우는 세계의 신재생에너지 트렌드에 맞는 태양도시로 발전하고 있답니다.

● 덴마크

덴마크는 지리적으로 바람이 많이 부는 나라예요. 그래서 풍력발전을 이용하기 시작했는데요. 육지가 아닌 바다에 풍력단지를 건설함으로써 풍력발전의 강국이 될 수 있었어요. 바다는 육지보다 바람이 더 많이 불고 소음이나 환경파괴 문제로부터 자유롭다는 장점이 있어요. 덴마크는 최근 우리나라 제주특별자치도와 만나 신재생에너지에 대한 정책을 공유하기도 했는데요. 우리나라 제주 바다에도 풍력발전단지가 건설되어 풍력에너지 발전에 힘을 실어줄 거라 기대되고 있어요.

● 네덜란드

네덜란드는 2014년 암스테르담 외곽에 자전거 길을 따라 태양광에너지 도로를 만들었어요. 설치 후 6개월 동안 생산해 낸 전기가 1인 가구에 1년간 전기를 공급할 수 있는 양이었다고 해요.

● 프랑스

프랑스는 2016년부터 5년 간 도로에 태양광 패널을 설치할 계획이에요. 태양광 패널을 사용하여 솔라 로드 웨이를 만들 예정이며 프랑스 인구의 약 8%에게 신재생에너지를 공급하는 것이 목표예요.

신재생에너지, 태풍을 멈추다!

아저씨 수첩이 확실해.

맞아. 보고서라고 했던 그 수첩이야.

내가 궁금한 건 환경등급이 ABCD로 나눠진 것 중에 왜 우리나라가 D등급이냐는 거야.

그러게, 왜 아저씨는 D라고 한 거지?

D가 제일 높은 건가?

아니지. A가 제일 높은 점수지. 그런데 D라면….

말도 안 돼. 우리나라 환경이 D등급이 나올 정도로 엉망이라고?

그건 그래. D라니, 아닐 거야.

맞아, D 맞을 수준은 아니지.

근데 여기 태풍이라고 써 있는 건 또 뭐야?

무슨 소리지?

첨벙

첨벙

바다에 누가 있나 봐.

훅

가보자.

첨벙

휴우우우~

첨벙

어우, 어우!

사, 사람이야!
사람이 물에 빠졌나 봐!

어어!! 큰일 났다!

사람 살려!! 사람이
물에 빠졌어요!

아우, 이제 좀 살 것 같네.

내가 구해올게!

안 돼, 초롱아!

아무리 네가 수영을 잘해도
혼자서는 위험해!

걱정 마! 이정도는 끄떡없어!

첨벙

첨벙

제주 앞바다도 꽤 청정한데?
괜히 D등급을 줬나?

저, 저게 뭐지? 거… 거북이?

아저씨가 거북이로 변했어!

삐비직

잡았다!

너, 너는…?

푸학

어푸푸, 얘들아!

초롱이다! 초롱아!

초롱아, 무사해서 다행이야!

초롱이가 물에 빠진 사람을 구했나 봐!

어머! 대단하다, 초롱아!

이게 뭐야?

이건?

거북이잖아?

설마 아까 물에 빠진 게 거북이였어?

아까 물에 빠진 건 아저씨고, 구해온 건 거북이야.

뭐라고? 아까 물에 빠진 사람이 아저씨였다고?

두리번 두리번

그럼 아저씨는 어디 있어?

여기 있잖아. 아저씨.

어디?

설마…?

이 거북이가 아저씨야?

응. 내가 똑똑히 봤어.

뭐라고? 말도 안 돼.

버둥 버둥

슈우욱

슈욱

허거걱!!!

아저씨!

왜. 거북이, 아니 사람 처음 봐?

혹시… 귀… 신?

오버하지마. 거북이 맞고. 사람도 맞고.

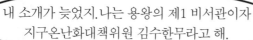

내 소개가 늦었지. 나는 용왕의 제1 비서관이자 지구온난화대책위원 김수한무라고 해.

김

수한무?!

바다가 자꾸 오염이 돼서 용왕님이 얼마나 많이 걱정을 하시는지 몰라. 어쩌겠어. 별주부 할아버지가 집안을 일으킬 절호의 기회라면서 나보고 가라는 걸.

별주부? 토끼 간을 가지러 간 그 별주부…?

빙고~!

그래서 토끼라는 말만 들어도 싫어했구나!

그 단어는 우리 집안 금기어야.

그런데 왜 우리나라가 D등급이에요?

아니 수첩이 어디갔나 했더니…

왜 우리나라가 D등급이냐고요!

왜긴, 환경이 엉망이니까 D등급이지.

어머머머머, 아저씨 말하는 것 좀 봐.

왜, 뭐?

아저씨, 뭔가 단단히 오해를 하신 것 같은데요!

맞아요!
대한민국이 얼마나

깨끗한 나라인지
모르신다면

알려주는 게 인지상정!

이름은 들어봤나?

한국판 그린뉴딜?

그린뉴딜

그린뉴딜은 환경과 사람이
중심이 되는 지속 가능한 발전 정책을
뜻하는 말이야.

그린

뉴딜

그린뉴딜은 녹색산업을 뜻하는 '그린'과 1930년내 미국의 경기부양책 '뉴딜'이 합쳐진 말로 기후변화와 경제 문제를 동시에 풀기 위해 신재생에너지 같은 친환경 사업에 대규모 투자를 해 경제를 살리는 정책을 말합니다.

기상청에서 낸 '한국기후변화 평가보고서 2020'에 따르면 우리나라는 재난의 강도, 빈도가 지속적으로 증가하고 있다고 분석하고 있어요.

그래서 노후건축물을 환경에 좋게 재건축해서 제로에너지화를 추진할 계획이기도 해요.

태양광, 풍력, 수소 등 신재생에너지 보급을 지속적으로 확대할 예정이에요.

아저씨가 이해를 못할까봐 다시 얘기하자면요…

다 이해하거든!

대한민국은 에너지 전환을 위해 다양한 노력을 하고 있다는 거예요.

에너지 전환

가을아, 에너지 전환이 뭐야?

에너지 전환이란 석유, 석탄, 가스, 핵에너지에서 벗어나 재생 가능 에너지로 에너지 공급을 전환하는 것을 말합니다. 에너지 전환은 환경과 기후뿐 아니라 경제에도 득이 됩니다. 석유 한 방울 나지 않는 대한민국에서는 에너지 전환으로 원유나 천연가스 수입에 대한 의존도가 낮아질 수 있기 때문입니다.

에너지 전환이 뭐냐면 말이야. 속닥속닥…

애들아, 말로는 나도 다~ 할 수 있어. 그런데 보이는 건 여기저기 환경오염뿐이니 어쩌겠니. D를 줄 수밖에.

좋아요! 그럼 우리가 얼마나 노력하고 있는지 보여줄게요!

보여주나 마나야.

내가 제주에 와서 주운 쓰레기가 이렇게 많은데 뭘 보여줘?

이봐요, 총각.

쓰레기를 그렇게 던지면 어쩌자는 거요?

할망! 어멍!

어멍, 이건 어멍과 내가 반나절 동안 수중정화 활동하면서 주운 쓰레기 같은데?

맞구마. 아까 내가 주운 쓰레기구만.

133

이봐요. 남이 물질해서 애써 주운 쓰레기를 다시 해변에다 버리면 어쩌자는 거요?

그게 아니라요…

젊은 사람이 애들 앞에서 아무데나 쓰레기를 버리고 그러면 애들이 뭘 보고 배우겠소?

여기에 다시 주워 담아요.

죄송합니다. 제가 모르고 그만…

애들 앞에서 함부로 쓰레기 버리지 마시오. 조심하시오!

예. 조심하겠습니다.

할머니, 이 아저씨가 해녀들 수중정화 활동이 보고 싶대요.

보여주는 거야, 어렵지 않지.

내일 오전에 만납시다.
내 직접 보여드리리다.

예, 예.

내가 언제 보고 싶다고 그랬냐?

말로는 안 믿잖아요.
그러니 직접 보여줘야죠.

다들 집에 갑시다. 저녁 바다는
사람을 홀려 위험해요.

노을이 너무 예쁘다~

그림 같이 예쁘지?

맞아~

플라스틱 쓰레기에서
수소에너지를 얻을 수 있다고?
사실일까? 아닐까?

폐플라스틱에서 수소에너지를 얻다!

영국 체스터 대학교 연구진은 지난 2019년 7월 재활용이 되지 않고 버려지는 플라스틱 쓰레기를 전기에너지와 수소에너지로 바꾸는 기술을 개발했다고 합니다. 플라스틱 종류나 오염 여부에 관계없이 잘게 자른 뒤 1000℃로 녹이면 가스가 발생하고, 이 가스를 정제하고 변환해 전기에너지 또는 수소에너지를 만들 수 있습니다. 버려지는 폐플라스틱으로 전기자동차에 연료를 공급하거나 집에서 전기를 켤 수 있어, 친환경 에너지 확보는 물론 바다에 버려지는 폐플라스틱을 줄일 수 있어 바다를 깨끗하게 만들어 줄 것으로 기대하고 있습니다.

다음 날

잘 보세요. 우리 해녀들이
수중정화 활동을 어떻게 하나.

그래, 알았다. 조심해서 다녀와라.

제 걱정 마시고요. 눈 크게
뜨고 똑똑히 보세요.

혹등고래를 위해서라도 바다를 지키는 데
우리 3대가 앞장서야지. 가자, 초롱아.

봤죠? 해녀들이 바다를 어떻게 보호하는지.

해녀들 노력은 새발의 피 아닐까?
여전히 대한민국 환경은 D등급에서
벗어나지 못해.

이제 시작인 걸요.

그럼 다음 코스, 보실까요?

저희 집 앞에 오신 걸

환영합니다!

봄, 가을, 너희 집하고 환경하고 무슨 상관이냐?

저희 집이 바로 신재생에너지를 사용하는 '제로 에너지 하우스'거든요.

제로 에너지 하우스

기존의 화석연료를 전혀 사용하지 않고, 순수하게 신재생에너지만을 이용하고, 가정에서 사용하는 에너지를 생산하는 집을 말합니다.

제로 에너지 하우스는 에너지 효율을 극대화하고, 건물 스스로 신재생에너지 설비를 갖추어 외부로부터 에너지 공급을 받을 필요가 없는 건물입니다.

제로 에너지 하우스가 있다니 놀랍구나!

한국판 그린뉴딜 정책이 시행되면서 제로 에너지 하우스 건축물도 더 많이 늘어날 예정이에요.

이 정도로 환경 등급을 올리기에는 부족하지!

또 있어요!

우리나라는 '안전하고 깨끗한 에너지'를 통해 온실가스와 기후변화 등 지구의 환경 문제를 해결해 나가려는 세계적 흐름에 맞춰 에너지 전환을 추진하고 있다고요.

석탄과 원전 비중을 줄이고 친환경에너지원인 재생에너지 비중을 늘리고 있고요.

2017년 7.6%, 2030년 20%, 2040년 30~35%로 신재생에너지 비율을 늘려나가려고 해요.

한 가지 궁금한 게 있는데 너희들은 왜 신재생에너지에 관심이 많은 거지?

왜냐하면

우리는 흑등고래를 지키는 삼총사니까요!

뭐? 흑등고래를 지켜?

네! 우리가 지켜줄 거예요!

초롱아, 흑등고래를 불러 봐!
흑등고래에게 우리나라 바다가 얼마나 깨끗한지
얘기해 달라고 하자.

오! 좋은 생각이야!

휘이익

후이―

쟤가 왜 저기서 나와?

아저씨도 혹등고래를 아세요?

쟤, 내가 태어날 때부터 봐온 애야.

무병장수하라고 내 이름 중 하나를 나눠 줬는 걸?

내 이름이 '김수한무 거북이와 두루미 삼천갑자 동방삭 치치카포 사리사리센타 워리워리 세브리캉 무두셀라 구름이 허리케인 담벼락 서생원에 고양이 바둑이는 돌돌이'야.

세상에, 그게 이름이라고요?

내 이름 중에서 저 혹등고래에게 '워리워리'를 나눠 줬지.

이름이 '워리워리'였구나.

잘 있었어, 워리워리?

끼약—끼

그래? 모두 사실이라고? 그렇군.

혹등고래랑 대화를 하나 봐.

하긴 저 아저씨도 거북이잖아.

너희들, 진짜구나! 혹등고래를 지켜주기로 한 것도 진짜. 대한민국 환경이 지금도 깨끗하지만 앞으로 더 깨끗해질 거라는 것도 진짜.

그렇다니까요.

믿어! 워리워리는 거짓말을 안 해. 대한민국 환경은 A등급이야!

진짜죠! 진짜 A등급이죠!

사실은 오늘 태풍을 불러서 대한민국을 모두 쓸어버리려고 했는데…

네?

아저씨가 잘못 안 거예요. 대한민국 환경은 신재생에너지 덕분에 깨끗해요.

그리고 저희가 커서 신재생에너지 전문가가 되면 더 깨끗해질 거고요!

그래서 태풍을 멈추기로 했어. 인정!

까아아아— 우리가 해냈어!

무럭무럭 커서 신재생에너지를 더 발전시키길 바란다. 그리고 워리워리도 잘 부탁하고.

네! 당연하죠!

그럼 나는 용왕님께 보고하러 가야겠다.

만나서 반가웠어요, 아저씨.
또 놀러오세요.

조심해서 가세요!

태풍 멈춰줘서 고마워요!

143

제주도의 신재생에너지

제주도는 우리나라 지방자치단체들 중에서 가장 먼저 신재생에너지 정책을 추진한
곳이에요. 1995년에 '제주도 지역 에너지 계획'을 세우고 풍력발전, 태양광과 태양열
발전 등에 힘써왔어요. 우리나라의 신재생에너지 정책에 앞장서고 있는 제주도에서
신재생에너지 사업을 어떻게 하고 있는지 알아볼까요?

● 풍력발전

제주도는 국내 최초로 풍력발전에 성공했어요. 제주도는 제주시 구좌읍에 행원
풍력발전단지를 조성했는데, 이는 국내 최초의 상업용 육상 풍력발전단지예요.
이어서 동북, 북촌, 김녕에도 풍력발전단지를 만들어 구좌읍 일대를 제주도의
신재생에너지 허브로 조성했어요. 또한 '가시리 국산화 풍력발전단지'는 국내
에서 처음으로 마을 주민들이 모두 참여하여 공모를 거쳐 설립된 풍력발전단지
예요. 이곳 주민들은 한 해에 약 3억 원을 임대료로 받고, 가구 당 전기료 2만 원
을 지원받는다고 해요.

● 해상풍력발전

바다 위에 풍력발전을 설치한 것이 해상풍력발전이에요. 제주도는 땅 위뿐만
아니라 바다 위에도 풍력발전을 지었어요. 탐라해상풍력발전단지가 바로 그것
인데요. 국내 최초의 상업용 해상풍력단지예요. 이 해상풍력발전단지는 제주
도 전체 전력의 약 3%, 신재생에너지 전력의 약 10%를 이루고 있을 만큼 엄청
난 규모의 전력을 생산하고 있어요. 그러나 이 풍력발전단지가 설립되기까지는
9년이란 오랜 시간이 걸렸어요. 정부로부터 개발해도 된다는 허가를 받았지만,
환경을 파괴하고 소음을 일으킬 거란 오해 때문에 주민들과 합의하기까지 시간
이 오래 걸렸기 때문이에요.

● 에너지 자립 섬

제주도 육지에서 배를 타고 15분 거리에 있는 섬 가파도는 국내 최초로 '에너지 자립 섬'이 추진되고 있는 곳이에요. 제주도에서는 2011년부터 2016년까지 가파도를 친환경 에너지 자립 섬으로 만들기 위해 '탄소 없는 섬'이란 프로젝트를 실시했는데요. 이 덕분에 현재 가파도의 신재생에너지 자급률은 약 80%대로 높아졌어요. 가파도는 태양광, 풍력발전단지로 탄소를 배출하지 않는 섬이에요. 이러한 신재생에너지로 전력을 생산한 덕분에 마을에서는 전기료가 기존보다 10분의 1로 저렴해졌다고 해요.

나는 신재생에너지 전문가가 될 거야!

초판 1쇄 발행 · 2021년 1월 28일
초판 3쇄 발행 · 2021년 9월 10일

지은이 · 신승희
그린이 · 애니쌀툰
펴낸이 · 이종문(李從聞)
펴낸곳 · 국일아이

등   록 · 제406-2008-000032호
주   소 · 경기도 파주시 광인사길 121 파주출판문화정보산업단지(문발동)
영업부 · Tel 031)955-6050 | Fax 031)955-6051
편집부 · Tel 031)955-6070 | Fax 031)955-6071

평생전화번호 · 0502-237-9101~3

홈페이지 · www.ekugil.com
블 로 그 · blog.naver.com/kugilmedia
페이스북 · www.facebook.com/kugilmedia
E-mail · kugil@ekugil.com

ISBN 979-11-87007-77-7(14300)
      979-11-87007-74-6(세트)

워크북

Job?

나는 신재생에너지
전문가가 될 거야!

국일아이

목차

2

워크북 활용법

직업 탐험   각 기관의 대표 직업(네 가지)이 하는 일, 필요한 지식, 자질 등에 관한 정보뿐만 아니라 관련 직업에 관한 정보를 얻어요.

직업 놀이터   다른 그림 찾기, 숨은그림찾기, 미로 찾기, 색칠하기, ○× 퀴즈 등 재미있는 놀이 요소를 통해 직업 상식을 알아봐요.

직업 톡톡   직업 윤리나 직업과 관련한 이야기로 자신의 생각을 표현하며 직업을 간접 체험해요.

NCS
(국가직무능력표준)

국가직무능력표준(NCS, National Competency Standards)이란 국가가 현장에서 직무를 수행하는 데 필요한 지식, 기술, 태도 등을 산업별, 수준별로 표준화한 것을 말한다. 대분류 24개, 중분류 79개, 소분류 253개, 세분류 1,001개로 표준화되었으며 계속 계발 중이므로 더 추가될 예정이다.

국가직무능력표준(NCS)에 따른 24개 분야의 직업군

01 사업 관리	02 경영·회계 사무	03 금융·보험	04 교육·자연 사회 과학	05 법률·경찰 소방·교도·국방

| 06 보건·의료 | 07 사회 복지·종교 | 08 문화·예술 디자인·방송 | 09 운전·운송 | 10 영업·판매 |

| 11 경비·청소 | 12 이용·숙박·여행 오락·스포츠 | 13 음식 서비스 | 14 건설 | 15 기계 |

| 16 재료 | 17 화학 | 18 섬유·의류 | 19 전기·전자 | 20 정보 통신 |

| 21 식품 가공 | 22 인쇄·목재 가구·공예 | 23 환경·에너지·안전 | 24 농림·어업 |

3

《job? 나는 신재생에너지 전문가가 될 거야!》에는 이봄, 이가을, 박초롱, 김수한무, 이태양 등이 등장한다. 각 인물을 떠올리며 빈칸을 채워보자.

인물	특징
이봄	초등학교 4학년인 왈가닥 소녀로 모든 것에 호기심과 궁금증이 많다. 쌍둥이 동생인 가을이보다 1분 빨리 태어난 누나다. 신재생에너지 연구소장인 아버지를 따라 제주도에 내려와 지낸다. 바다에서 스노클링을 하던 중 큰 파도에 휩쓸려 물에 빠진 것을 초롱이가 구해준다.
이가을	이봄의 쌍둥이 남동생이다. 아빠처럼 신재생에너지를 연구하고 싶은, 장래희망이 _____연구원인 아이로 신재생에너지에 대해 많은 것을 알고 있다. 봄이, 초롱이와 함께 아빠의 연구소에 방문하여 신재생에너지에 대해 배우고 큰 꿈을 키우게 된다.
박초롱	해녀인 할머니, 엄마와 함께 3대가 함께 사는 초등학교 4학년 여학생이다. 봄, 가을이와 함께 할머니와 엄마를 구해준 혹등고래를 보호하는 삼총사를 결성한다. 바다의 구조대 혹등고래가 멸종 위기에 처한 것이 지구온난화 때문이라는 것을 알고 지구온난화를 위해 어떤 일을 해야 할지 고민한다.
김수한무	바다 속 용왕의 제1비서관이자 지구온난화대책위원으로 바다에서는 거북이지만 지상에서는 사람으로 변신한다. 깨끗한 바다를 지키고 보호하기 위해 대한민국 환경을 감시하러 왔다. 환경 보호가 평점 기준에 미치지 못하면 거대한 태풍을 보내 나쁜 환경들을 쓸어버릴 계획으로 제주도에 찾아왔다.
이태양	태양열에너지를 비롯해 해양에너지, 풍력에너지, 지열에너지, 수소에너지, 바이오에너지 등의 신재생에너지 연구원들과 함께 에너지를 연구하고 설계하는 _____으로 봄, 가을이 아빠다. 연구소 견학을 온 쌍둥이와 초롱이에게 왜 신재생에너지가 필요한지, 신재생에너지와 관련된 직업은 어떤 것들이 있는지 등을 알려준다.

4

궁금해요, 신재생에너지

화석연료를 대체할 신재생에너지에 관해 바르게 설명한 것을 찾아보자. (정답은 네 개)

1
수소, 산소 등 화학반응을 이용하는 신에너지와 햇빛, 물처럼 재생 가능한 에너지를 변환해 이용하는 재생에너지를 통틀어 말한다.

2
신에너지는 연료전지, 수소에너지 등이 있고, 재생에너지에는 태양광에너지, 풍력에너지, 해양에너지, 바이오에너지 등이 있다.

3
초기 투자 비용이 많이 든다는 단점이 있다.

4
화석연료 고갈과 환경오염 문제로 신재생에너지의 필요성이 높아지고 있다.

5
석탄, 석유, 천연가스 등의 에너지를 말한다.

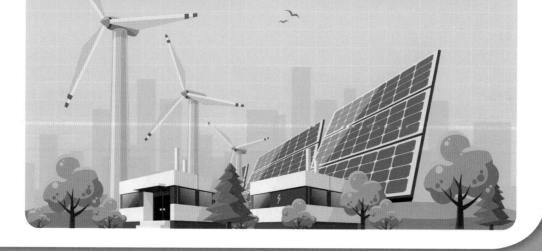

신재생에너지 공학자는 무슨 일을 할까?

신재생에너지 공학자는 태양열, 지열, 풍력 등의 대체 에너지를 연구하고 개발하는 일을 한다. 다음 중 신재생에너지 공학자가 하는 일에 관해 바르게 설명한 것을 찾아보자. (정답은 네 개)

1
에너지 사업을 위한 기술상의 조건을 분석하여 이에 필요한 시스템, 장비 등을 설계, 기획, 조직화한다.

2
많은 실험을 통해 지속 가능한 새로운 에너지를 개발한다.

3
하는 일에 따라 탐사기술자, 시추기술자, 채광기술자 등으로 구분된다.

4
사용자가 원하는 가상세계가 무엇인지 파악하거나, 개발하고자 하는 시스템을 분석하여 개발 방향을 정한다.

5
에너지 효율을 높이기 위해 필요한 관련시스템을 개발하고 관리한다.

신재생에너지 공학자에게 필요한 능력은?

신재생에너지 공학자는 새로운 연구에 대한 호기심을 가지고 지속적으로 연구 개발을 하는 추진력을 필요로 한다. 신재생에너지 공학자에게 어떤 능력이 필요한지 생각해 보고 〈보기〉를 참고하여 빈칸에 알맞은 말을 넣어 보자.

❶ 새로운 에너지를 연구하고 개발할 수 있는 (   )이 필요하다.

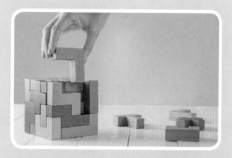

❷ (   )으로 분석할 수 있는 능력이 있어야 한다.

❸ 동료들과 함께 일하기 때문에 원만한 대인관계와 (   )이 중요하다.

❹ 공정하게 연구를 수행하는 (   )이 필요하다.

보기

협동심, 창의력, 공정성과 책임감, 논리적

신재생에너지 안전기술연구원은 무슨 일을 할까?

신재생에너지 안전기술연구원이 하는 일을 잘못 설명한 친구를 찾아보자. (정답은 한 개)

세훈

신재생에너지를 안전하게 이용하기 위해
안전기술을 연구하고 개발해.

미나

새로운 에너지를 찾아내고 개발해.

흥민

새로운 에너지를 안전하게 이용하도록 하는
사회적 제도를 마련해.

윤아

신재생에너지를 보급하는 시스템 때문에
안전사고가 일어나지 않도록 연구를 해.

보검

개발한 제품을 검사하고
안전성에 대한 인증을 해.

신재생에너지 개발자는 어떤 분야의 에너지를 개발하느냐에 따라 세분화된다. 각 전문가가 하는 일을 바르게 연결해 보자.

태양열소재
연구개발자

풍력발전시스템의 효율 향상 및 안전성을 위한 기계장치, 발전기 등을 연구 개발한다.

풍력발전
연구개발자

태양열, 조력, 지열, 수소 등 공해가 적고 효율이 높은 대체에너지를 연구 개발한다.

대체에너지
연구개발자

열효율이 높은 태양열 소재를 연구 개발한다.

바이오에너지
연구개발자

유채꽃, 동식물의 분뇨, 해양조류 등으로부터 에너지를 추출하고 이를 활용할 수 있는 분야를 연구 개발한다.

9

풍력발전기 전기설계기술자는 무슨 일을 할까?

풍력발전은 풍력 터빈을 이용해서 바람을 전력으로 바꾸는 일이다. 풍력발전기 전기설계기술자는 무슨 일을 하는지 바르게 설명한 번호를 찾고 그에 해당하는 풍력발전기를 예쁘게 색칠해 보자. (정답은 세 개)

1
기계적 에너지를 전기에너지로 변환시키는 발전기, 전기적 부품 등을 설계한다.

2
각종 온라인 커뮤니티의 운영을 담당하고 회원을 위해 다양한 이벤트를 기획한다.

3
약한 풍속에도 높은 효율을 갖는 발전기를 연구하고 발전기의 유지보수가 쉽도록 설계한다.

4
전기식 모터 드라이브로 풍력발전기 날의 각도를 연속제어해 전력생산을 높인다.

태양광시스템 설치엔지니어는 무슨 일을 할까?

태양에서 나와 지구에 도달하는 태양의 빛에너지를 전기에너지로 변환시키는 것이 태양광발전이다.
태양광시스템 설치엔지니어가 하는 일을 설명한 번호를 찾아 선을 따라가 보자.

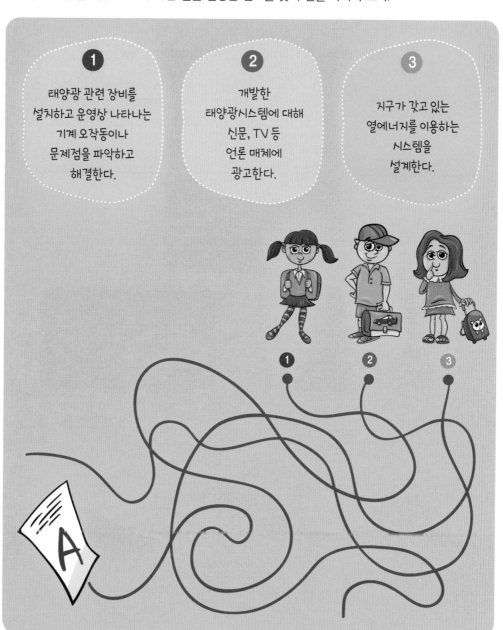

1
태양광 관련 장비를 설치하고 운영상 나타나는 기계 오작동이나 문제점을 파악하고 해결한다.

2
개발한 태양광시스템에 대해 신문, TV 등 언론 매체에 광고한다.

3
지구가 갖고 있는 열에너지를 이용하는 시스템을 설계한다.

해양에너지 기술개발자는 무슨 일을 할까?

해양에너지는 해류, 조력, 염분 및 해양 온도 차이로 생겨나는 에너지를 말한다. 해양에너지 기술개발자가 하는 일이 무엇인지 찾아보자. (정답은 네 개)

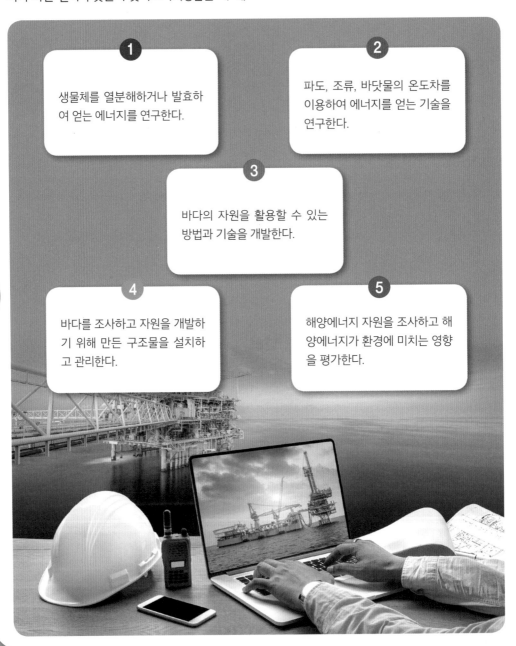

1 생물체를 열분해하거나 발효하여 얻는 에너지를 연구한다.

2 파도, 조류, 바닷물의 온도차를 이용하여 에너지를 얻는 기술을 연구한다.

3 바다의 자원을 활용할 수 있는 방법과 기술을 개발한다.

4 바다를 조사하고 자원을 개발하기 위해 만든 구조물을 설치하고 관리한다.

5 해양에너지 자원을 조사하고 해양에너지가 환경에 미치는 영향을 평가한다.

수소 연료전지 전문가에 대해 알아보자

수소에너지는 미래의 청정에너지라고 할 수 있다. 수소로 전기를 만들어서 달리는 수소 연료전지차는 매연을 뿜지 않고 거리를 달린다. 이러한 일이 가능하도록 연구하는 수소 연료전지 전문가에 대한 설명으로 바른 것을 찾아보자. (정답은 네 개)

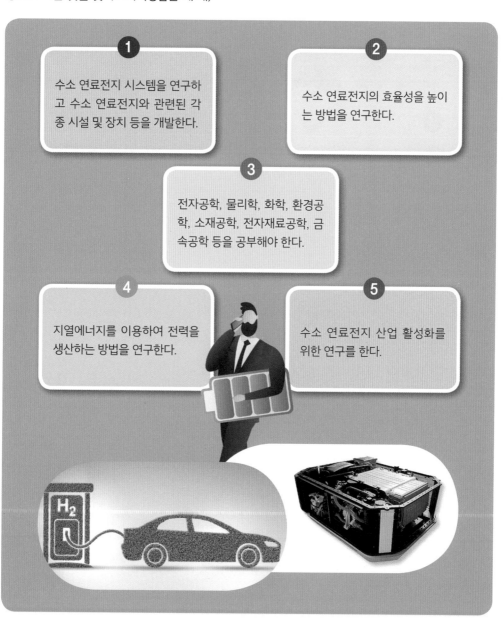

1 수소 연료전지 시스템을 연구하고 수소 연료전지와 관련된 각종 시설 및 장치 등을 개발한다.

2 수소 연료전지의 효율성을 높이는 방법을 연구한다.

3 전자공학, 물리학, 화학, 환경공학, 소재공학, 전자재료공학, 금속공학 등을 공부해야 한다.

4 지열에너지를 이용하여 전력을 생산하는 방법을 연구한다.

5 수소 연료전지 산업 활성화를 위한 연구를 한다.

에너지 시험원은 누구일까?

자신이 하는 일을 설명한 에너지 전문가 중 에너지 시험원은 누구인지 찾아보자.

1 나는 작은 강이나 폭포수의 낙차를 이용하여 에너지를 만드는 연구를 해.

2 나는 에너지 발생량, 에너지 효율 등을 시험하고 분석하는 일을 해.

3 나는 신재생에너지를 안전하게 이용하기 위한 안전기술을 연구해.

4 나는 불에 타는 재생폐기물을 연료와 에너지로 이용할 수 있도록 하는 생산 기술을 개발해.

나도 신재생에너지 전문가가 될 수 있을까?

신재생에너지 전문가가 나의 소질과 적성에 맞을까? 아래 질문에 답하며 나의 소질과 적성을 확인한 후 신재생에너지 전문가가 될 수 있는지 알아보자.

그렇다-5점, 보통이다-3점, 아니다-1점

질문	점수
1. 사람과 자원의 관계에 대해 많은 생각을 한다.	( )
2. 새로운 것에 호기심을 가지고 시도하는 것을 좋아한다.	( )
3. 다른 사람들과 잘 소통하고 친하게 어울릴 수 있다.	( )
4. 전기를 만드는 기계 장비나 측정도구를 잘 이해한다.	( )
5. 기계, 기구를 만들고 조작하는 것을 좋아한다.	( )
6. 전기공학, 에너지 관리학을 전공하고 싶다.	( )
7. 지구를 살리는 일과 자연에 관심이 많다.	( )
8. 전기는 어떻게 만들어지는지 궁금하고 관심이 많다.	( )
9. 전기를 낭비하지 않기 위해 늘 절약하는 생활을 한다.	( )
10. 환경오염을 일으키지 않기 위해 나부터 노력하는 편이다.	( )
합계:	( )

40점 이상	신재생에너지 전문가로 일하는 것이 적성에 딱 맞아.
30점 이상	신재생에너지 전문가가 될 충분한 자질이 있어.
20점 이상	신재생에너지 전문가가 꿈이라면 조금 더 노력해 보렴.
19점 이하	지금은 신재생에너지 전문가로 일할 소질이나 적성이 부족해. 신재생에너지에 관심을 가지고 공부해 봐!

신에너지와 재생에너지의 종류

신재생에너지는 11개의 종류가 있다. 신에너지 3개는 붉은색으로, 재생에너지 8개는 파란색으로 색칠해 보자.

태양열에너지

수소에너지

해양에너지

지열에너지

석탄 액화·가스화

태양광에너지

풍력에너지

바이오에너지

재생폐기물에너지

수력에너지

연료전지

다양한 에너지

우리가 사용하는 에너지에는 신재생에너지뿐만 아니라 다양한 에너지가 있다. 다음 에너지들에 대한 설명으로 알맞은 것끼리 연결해 보자.

화석연료

원자력에너지

핵융합에너지

먼 옛날 지구에 살았던 생물의 잔해에서 생성된 에너지 자원이다. 석탄, 석유, 천연가스 등이 있다.

두 가지 이상의 가벼운 원자핵이 충돌하고 융합하여 좀더 무거운 제 2의 원자핵이 되면서 방출하는 에너지다.

우라늄이나 플루토늄의 핵분열 연쇄 반응을 통해 발생되는 에너지로 적은 양의 원료로도 많은 에너지를 생산할 수 있다.

신재생에너지의 특징

다음 신재생에너지의 특징을 설명한 것이다. 〈보기〉에서 정답을 찾아 빈칸에 채워보자.

1 신재생에너지는 화석연료와 달리 재생이 가능하기 때문에 ( ) 되지 않는다.

2 오염 물질이나 이산화탄소 배출량이 적어 ( )이다.

3 화석연료에 비해 비교적 지구에 ( ) 분포한다.

4 발전소를 건설할 때 ( )의 영향을 많이 받는다.

5 개발 초기에 ( )이 많이 든다.

보기

친환경적, 고르게, 고갈, 자연 환경, 비용

태양광에너지를 이용한 주택 개발

태양광에너지를 이용한 태양광 주택이 전 세계적으로 인기를 얻고 있다. 태양광 주택이 가지는 장점을 바르게 말한 것을 찾아보자. (정답은 네 개)

1 태양빛이라는 무제한적인 에너지원을 사용한다.

2 전기를 사용하는 과정에서 유해물질의 배출이나 소음 발생이 없다.

3 견고하고 내구성이 뛰어나 사용할 수 있는 기간이 길다.

4 햇빛이 강하지 않은 겨울에는 전혀 사용할 수 없다.

5 저렴한 요금으로 사용할 수 있다.

대체에너지 조건

석탄, 석유, 천연가스 등은 현재 유용하게 사용되고 있지만, 고갈되고 환경을 오염시키기 때문에 이를 대체할 에너지를 개발해야 한다. 대체에너지가 갖추어야 할 조건에 대해 바르게 말한 친구는 누구인지 알아보자. (정답은 네 개)

현규 　폭발과 같은 돌발사고 등으로 다칠 위험이 없어야 해.

자원이 고갈되지 않고 무한하게 사용할 수 있어야 해. 　은지

훈동 　효율성이 좋아서 합리적인 가격으로 충분한 에너지를 안정적으로 만들 수 있어야 해.

자원량이 풍부하고 어디서나 쉽게 얻을 수 있어야 해. 　수지

재규 　값이 저렴하다면 환경오염이 발생하더라도 사용해도 돼.

20

신재생에너지 VS 원자력에너지

신재생에너지와 원자력에너지는 각각 다른 장점과 단점을 가지고 있다. 신재생에너지와 원자력에너지 중 인류에게 더 좋은 에너지는 무엇인지 자신의 생각과 그렇게 판단한 이유를 말해 보자.

신재생에너지는 고갈되지 않고 친환경적인 안전한 에너지야. 하지만 원자력에너지는 방사능 누출의 위험이 크고 원자폭탄 같은 원자력 무기를 개발할 수 있기 때문에 위험해.

원자력에너지는 24시간 내내 일정량을 공급할 수 있고 값이 저렴해. 하지만 신재생에너지는 24시간 내내 에너지를 얻기 어렵고, 처음에 개발 비용이 많이 들어.

 **VS**

나는 (신재생에너지/원자력에너지)가 사람들에게 더 좋은 에너지라고 생각한다.

왜냐하면

때문이다.

에너지 절약

신재생에너지 전문가라면 에너지를 아끼고 절약하는 것을 생활화해야 한다. 에너지를 절약하기 위해 내가 할 수 있는 일을 생각해 보자.

내가 신재생에너지 전문가라면 어떤 에너지를 이용하여 어떤 분야에 활용하고 싶은지 적어 보자.

4. 신재생에너지, 신재생에너지 연구소장

5. ①, ②, ③, ④

6. ①, ②, ③, ⑤

7. ① 창의력, ② 논리적, ③ 협동심, ④ 공정성과 책임감

8. 미나

9.

10. ①, ③, ④

11. ①

12. ②, ③, ④, ⑤

13. ①, ②, ③, ⑤

14. ②

16. 신에너지 : 수소에너지, 석탄 액화·가스, 연료전지 / 재생에너지 : 태양열에너지, 해양에너지, 지열에너지, 풍력에너지, 바이오에너지, 태양광에너지, 재생폐기물에너지, 수력에너지

17.

18. ① 고갈, ② 친환경적, ③ 고르게, ④ 자연 환경, ⑤ 비용

19. ①, ②, ③, ⑤

20. 현규, 은지, 훈동, 수지

14권에서는
로켓, 탐사선에
대해서 자세히
알아보아요!